Richard Grieb

Das europäische Ödland, seine Bedeutung und Kultur

Richard Grieb

Das europäische Ödland, seine Bedeutung und Kultur

ISBN/EAN: 9783744636926

Hergestellt in Europa, USA, Kanada, Australien, Japan

Cover: Foto ©Andreas Hilbeck / pixelio.de

Weitere Bücher finden Sie auf **www.hansebooks.com**

Das

europäische Oedland,

seine Bedeutung und Kultur.

Von

Dr. Richard Grieb,

Assistent am akademischen Forstinstitut der Großherzoglich Hessischen
Ludwigs-Universität zu Gießen.

Frankfurt a. M.

J. D. Sauerländer's Verlag

1898.

Vorwort.

Ueberseeische Länder zur Colonisirung scheint die Parole unserer Zeit werden zu wollen. Wenn auch das Streben nach Erweiterung des Absatzgebietes für die heimische Industrie, nach Erschließung neuer Erwerbsquellen, nach Colonialbesitz an und für sich ja durchaus gerechtfertigt ist, so sollte aber doch nicht über die äußere Colonisation die innere vergessen werden.

In Europa harren noch sehr ausgedehnte Oedländereien und Wüstungen ihrer Nutzbarmachung und auf jene umfangreichen Gebiete für die innere Colonisation hinzuweisen, ist der Zweck dieser Schrift.

Abgesehen von der Ertragslosigkeit dieser öden Flächen, wodurch ungeheuere Summen dem Volksvermögen verloren gehen, bringen sie auch noch eine Menge Gefahren und direkte Schädigungen für den Volkswohlstand mit sich.

Die Kultur des europäischen Oedlands erscheint demnach dringend geboten!

Gießen, im März 1898.

R. G.

Inhalt.

Abkürzungen.

—

A. d. W.	= Aus dem Walde.
Allg. Forst= u. Jgdztg.	= Allgemeine Forst= und Jagdzeitung.
Ctbl. f. d. g. Forstw.	= Centralblatt für das gesammte Forstwesen.
F. Bl.	= Forstliche Blätter.
F. Bl. N. F.	= Forstliche Blätter, Neue Folge.
Forst. nat. Ztsch.	= Forstlich=naturwissenschaftliche Zeitschrift.
Forstw. Ctbl.	= Forstwissenschaftliches Centralblatt.
Krit. Bl.	= Kritische Blätter.
M. f. H.	= Mündener forstliche Hefte.
Oe. V. f. F.	= Oesterreichische Vierteljahrsschrift für Forst=wesen.
Ztschr. f. Forst= u. Jgdw.	= Zeitschrift für Forst= und Jagdwesen.

1. Begriff und Arten des Oedlands.

In den europäischen Kulturstaaten findet sich noch heutigen Tages, trotz gewaltiger und hervorragender Kulturarbeiten einzelner Regierungen, eine große Menge von völlig oder nahezu ertraglosen Ländereien, im Allgemeinen als „Oed= oder Unland" bezeichnet vor, welche in Berücksichtigung der in ihrem Gefolge befindlichen Nachtheile und Schäden und im Hinblick auf den derzeitigen Zu= stand ähnlicher einst hochkultivirter Länder anderer Erdtheile ge= radezu eine Gefahr für unser Staatenwesen bilden können. Hohe Zeit war es daher, daß von Seite der Staaten gegen das Umsich= greifen dieses Uebels — denn als solches sind die Oedungen und Wüstungen zu bezeichnen — eingeschritten wurde. Trotzdem bleibt noch sehr viel zu thun übrig und da dieses Unternehmen — wie jedes — seine Freunde und Gegner fand und es in Anbetracht der hohen Aufgabe der Oedlandskultur nützlich erscheint, für diese einzutreten, so sollen im Nachstehenden: Verteilung und Aus= dehnung des europäischen Oedlands, dessen Entstehung und deren Ursachen, dessen Einflüsse auf Volks=, Forst= und Land= wirthschaft und schließlich die Mittel, welche gegen das Oedland sowohl vorbeugend als abstellend anzuwenden sind, dargestellt werden.

Schon bei Feststellung der Ländereien, welche als „Oed= land" zu bezeichnen sind, stoßen wir auf Schwierigkeiten, da ein einheitliches Kriterium für alle derartige Flächen nicht gut als für

1

alle Verhältniſſe paſſend gegeben werden kann. Dem Einſchätzen muß daher ein gewiſſer Spielraum gelaſſen werden.

Wenn wir unter „Oedland" alle die Ländereien ver- ſtehen, welche bei überhaupt möglicher Kultur derzeit entweder völlig ertraglos ſind, oder aber einer den Ver- hältniſſen nicht entſprechenden unwirthſchaftlichen Be- nutzungsart unterliegen, die infolgedeſſen in der Regel nur eine äußerſt geringe Rente abwirft, ſo iſt dieſe Defini- tion zwar theoretiſch richtig, bietet aber keine Handhabe, um ſie ohne weiteres in die Praxis zu überführen. Die Feſtſetzung einer beſtimmten Grenze im Reinertrag des Bodens, über bzw. unter welche der Boden zum Oedland einzureihen iſt, erſcheint daher zweckmäßig und für die Aufſtellung einer entſprechenden Statiſtik unerläßlich. Dieſer Modus findet ſich in der Beſtimmung des preußiſchen Miniſteriums für Landwirthſchaft, Domänen und Forſte vom 28. Januar 1882[1]). Hiernach iſt jeder Boden mit 1 ℳ 20 ₰ Reinertrag pro ha und Jahr bzw. mit noch geringerem Rein- ertrag zum Oedland zu rechnen. Waldödland[2]) ſind Flächen von aufforſtungsfähigem derzeit ganz oder faſt ganz ertragloſen unbe- dingten und bedingten Waldboden. Unter unbedingtem (abſoluten) Waldboden verſteht man ſolchen Boden, der vermöge ſeiner Zuſammenſetzung, Ausformung oder Lage für abſehbare Zeit nur durch Holzzucht nutzbringend zu verwenden iſt. Der bedingte (relative) Waldboden hingegen beſteht in geringem Ackerland, welches in Folge geringſter Rentabilität als ſolches aufgegeben wurde, ferner in geringen Weiden, Haiden u. dgl. m. Der Mangel einer allgemeinen Norm zur Beſtimmung der vor- handenen Oedlandsflächen führt in den betreffenden Statiſtiken — die leider nicht überall aufgeſtellt worden ſind — zu ſehr ab- weichenden Reſultaten. Trotzdem bleiben, ſelbſt bei Reduktion der

---

[1]) Zur Aufforſtungsfrage (Forſtl. Bl. N. F. 1883, S. 39).

[2]) Dr. Danckelmann: Wirthſchaftliche und wirthſchaftspolitiſche Rückblicke aus landwirthſchaftlichen Kreiſen auf Forſtweſen und Jagd des Jahres 1892 (Ztſchr. f. Forſt- u. Jagdw., XXVI. Jhg. 1894, S. 195).

später anzugebenden Ziffern, noch ungeheure Flächen Oedland zur
Kultur übrig.

Im Allgemeinen läßt sich das Oedland in zwei große
Gruppen eintheilen, u. zw. in das der Ebene und das der
Gebirge. Manche Arten des Oedlands finden sich in beiden
Gruppen vor, z. B. Haide, Moor und Sumpf, wenn auch ver=
schieden in ihrer Zusammensetzung und Wirkung, je nachdem die
Ebene oder das Gebirge in Betracht kommt. Andere Arten hin=
gegen sind nur in der Ebene (Flugsand und Steppe) oder nur
im Gebirge (kahle Hänge und Bergrücken, besonders das Kalk=
ödland und der Karst) vertreten. Leo¹) theilt in seinem Entwurf
zur Forststatistik das Oedland nachstehend ein:

1. kahle Gebirgsrücken und Kämme,
2. kahle Hänge,
3. flüchtiger Flugsand im Binnenlande,
4. flüchtige Dünen,
5. kulturlose Küsten,
6. kulturlose Sümpfe und Moore,
7. kulturlose Haiden,
8. sonstige kulturlose Gründe.

Wir würden es vorziehen, nur folgende vier Gruppen auszu=
scheiden: Haide=, Sand=, Kalk= und Moorödland, weil diese Arten
am meisten verbreitet und am ausgedehntesten sind, und weil das
übrige Oedland (z. B. Schotterbänke, Sümpfe, kahle Kämme und
Hänge im Gebirge) doch in die eine oder die andere Kategorie
sich einreihen läßt. Eine eigenthümliche Art Oedland bilden die
Steppen Rußlands; sie lassen sich in keine der vorstehenden vier
Arten unterbringen. Das Haideödland findet sich in beträchtlichen
Flächen sowohl in der Ebene (z. B. die norddeutschen Haiden)
als auch im Gebirge (Kahlplateaus der Sudeten, Ardennen ꝛc.)
vor. Im Sandödland, nur der Ebene angehörig, wenn auch oft
kleine Berge und Hügel bildend, können wir wieder zwei Gruppen
unterscheiden: die Dünen und den Binnensand. Zu letzterem

¹) Ueber die Einrichtung der Forststatistik. Leipzig 1873, S. 13.

1*

kann man auch noch die Pußta oder ungarische Steppe rechnen. Die russische Steppe bildet eine eigene Art Oedland für sich. Nur im Gebirge vorkommend, tritt das Kalföbland in gewaltiger Ausdehnung besonders im Karste auf. Das Mooröbland wird sowohl im Gebirge, als auch in der Ebene, oft sehr bedeutende Flächen umfassend, angetroffen, bedarf aber, je nach seinem Vorkommen, bei der Amelioration sehr verschiedener Behandlung. Diese beiden letzteren Oedlandarten sind in sich vollständig charakterisirt; beim Haide= und Sandöbland hingegen ist es — zumal bei Haide in der Ebene — oft schwierig, beide genau zu trennen. Bei dem Sand ist es besonders die ungünstige Bodenbeschaffenheit als solche, welche ihn als Unland kennzeichnet, denn es giebt auch fruchtbaren Sand (z. B. in der Rhein=Main=Ebene). Bei dem Haideöbland aber ist es nicht nur diese, sondern auch besonders die eigenthümliche Vegetation und Benützungsart derselben, welche diesen Gegenden das Oedlandsgepräge verleihen.

2. Fläche und Vertheilung des Oedlands in Europa.

Die Angaben über Flächengröße und Verteilung des europäischen Oedlands sind oft sehr abweichend von einander, besonders bei solchen Ländern, in denen eine genauere Bodenkultur=Statistik fehlt. Auch schwanken die betreffenden Angaben je nach dem Zeitpunkt, auf welchen sie sich beziehen, sehr bedeutend, indem dort, wo noch vor wenigen Jahrzehnten (z. B. die französischen Landes) ungeheuere Wüsteneien sich ausdehnten, heute mehr oder weniger gelungene Kulturstätten geschaffen sind. Selbst eine nach den neuesten Litteraturangaben erhobene Ziffer über das Oedland ist schon im Augenblick ihres Entstehens nicht mehr ganz zutreffend, weil sich täglich Umwandlungsprozesse vollziehen, indem Kulturland zur Oedung wird und umgekehrt. Wenn wir es trotzdem versuchen, diese Ziffer zu construiren, so geschieht dies in der Ueberzeugung, daß ihr doch ein gewisser relativer Wert innewohnt und vor allem um nachzuweisen, daß Europa trotz aller vorgeschrittener Kultur noch ganz bedeutende Flächen Oedlands besitzt, ja, daß das Oedland, wie wir später sehen werden, schneller um sich greift, als es durch die bisherige Kultur ge= hindert werden konnte, daß es an Ausdehnung demnach gewinnt und die Schädigung der verschiedensten Interessen immer größer wird.

Beginnen wir zunächst mit dem Oedland des Deutschen Reiches.

In Preußen betrug die Fläche des Oed= und Unlandes (mit Einschluß von geringem Ackerland und Weiden 2c.) nach den kulturstatistischen Erhebungen im Jahre 1893[1]): 3,2 Millionen ha, wovon ca. 18,5%, mithin 592 000 ha, aufzuforsten sind. Diese Ziffer übersteigt weitaus die Oedlandsangabe vom Jahre 1879[2]), nach welcher es rund 2,5 Millionen ha Oedland = 7,4% der Gesammtlandesfläche gegeben haben soll, von denen im Landes= kulturinteresse ca. 675 000 ha = 2% des gesammten Landes aufzuforsten wären, wodurch das Bewaldungsprozent von 23,4 auf 25,4 steigen, d. h. beinahe das durchschnittliche Bewaldungs= prozent von Deutschland (25,8%) erreichen würde.

Die Angabe v. Hagens[3]) vom Jahre 1883 betreffs des Preußischen Oedlands mit 2,5 Millionen stimmt demnach mit dieser Ziffer überein. Trotzdem scheint uns die von den neuen Aufnahmen herrührende Zahl von 3,2 Millionen ha die genauere zu sein, wenn auch die zur Aufforstung bestimmte Fläche geringer ist als die vom Jahre 1879 ausgewiesene. Die Differenz von 0,7 Millionen ha zwischen beiden Angaben dürfte damit zu= sammenhängen, daß in der Ziffer von 2,5 Millionen ha die Fläche

---

[1]) Dr. Danckelmann: Wirthschaftliche und wirthschaftspolitische Rückblicke aus landwirthschaftlichen, forstlichen und gewerblichen Kreisen auf Forstwesen und Jagd des Jahres 1893 in Preußen (Ztschr. f. Forst= u. Jagdw., XXVII. Jhg. 1895, S. 249).

[2]) Eberts, E.: Waldflächen und im Landeskultur=Interesse aufzu= forstende Flächen im Preußischen Staate (Ztschr. f. Forst= u. Jagdw., XI. Jhg. 1879, S. 124).

[3]) Die forstlichen Verhältnisse Preußens. 2. Auflage. Berlin 1883, S. 68.

der Moore nicht mit inbegriffen ist. Rechnet man nämlich die Moore Norddeutschlands (d. h. zum größten Theil Preußen) in einem Betrage von ca. 150 ☐ Meilen oder etwa 0,8 Millionen ha nach Abzug der Moore Oldenburgs, Mecklenburgs und der kleineren Staaten mit zusammen = etwa 100 000 ha also rund 700 000 ha hinzu, so ergibt sich ziemlich genau die im Jahre 1893 erhobene Oedlandsfläche von 3 200 000 ha.

Die Hauptmasse des gesammten preußischen Oedlands liegt in der Provinz Hannover mit rund 1 Million ha = 26% der Gesammtlandesfläche. Andere [1] Angaben (1892) nehmen sogar 35—40% der Gesammtfläche als Oedland an; wieder andere bleiben darunter. Die Bestimmung ist aber nicht leicht, da die Festsetzung von verschiedenen Gesichtspunkten, oft von dem des Waldödlands allein, vorgenommen wurde. Die größte Haide-landschaft Hannovers, die Lüneburger Haide, ist etwa 200 ☐ Meilen groß; jedoch ist sie nicht mit ihrer gesammten Fläche zum Oedland zu rechnen. Die Moore nehmen hier eine Fläche von etwa 100 120 ☐ Meilen ein, wovon ca. 50% auf die sog. Emsmoore kommen. In Ostfriesland dürften die Bodenver-hältnisse am ungünstigsten sein, indem dort noch im Jahre 1872 [2] ca. 58% der Gesammtlandesfläche Oedland waren, u. zw. Sandödland 17 ☐ Meilen = 33" ₀ und Moore 12 ☐ Meilen = 25%. Der Dollart, einst fruchtbares, reich bebautes Land, entstand in Folge Dammbruchs im Jahre 1277. Nach und nach bis zum Anfang des 16. Jahrhunderts wurde eine 7 ☐ Meilen große Wasserwüste daraus, der man seither erst wieder 2 ☐ Meilen abgerungen hat.

Die preußische Provinz, welche nächst Hannover am meisten Oedland enthält, ist Schleswig-Holstein mit etwa 40—42 ☐ Meilen (Haide 30 ☐ Meilen und Moorödland ca. 10—12 ☐ Meilen).

---

[1] Heide, Moor und Wald (M. f. H. I. 1892, S. 130).
[2] Dr. Prestel: Der Boden, das Klima und die Witterung von Ostfriesland. Emden, 1872, S. 2.

Dann folgt die sog. „Kaffubei" in Westpreußen, eine Sandwüste von etwa 30 ☐ Meilen Fläche (1892) [1]), wozu noch die Ostsee=Dünen (zum Theil auch ostpreußisch) mit etwa 3,5 ☐ Meilen kommen.

Die im Eifelgebiet (Rheinprovinz) früher vorhandenen und bis vor kurzem noch öden Flächen sind seither allerdings mit großen Opfern in Kultur gebracht und somit aus der Oedlands= fläche ausgeschieden. Dies gilt auch von den Oedländereien des hohen Westerwalds (Hessen=Naffau).

Oldenburg [2]) soll (1878) noch 44,5% der gesammten Landesfläche Unland aufweisen, wovon 39,6% kulturfähig sind, u. zw. ca. 111 000 ha Haide und 89 000 ha Moor, zusammen 200 000 ha Oedungen. Eine andere Angabe aus dem Jahre 1881 [3]) gibt das Oldenburgische Oedland mit rund 90 000 ha an, worunter etwa 7200 ha Sand= und Moorwehen. Diese Angabe bezieht sich aber nur auf das Herzogthum Oldenburg, nicht das ganze Großherzogthum.

In den Reichslanden bzw. Vogesen waren noch 1888 [4]) etwa 42 000 ha Oedland.

Das bayerische Oedland umfaßt nach den neueren Er= hebungen (1897) von Baumann [5]) etwa 26 ☐ Meilen Moore. Weitere Angaben in der Litteratur über Sand= und Gebirgsöd= land sind uns nicht bekannt geworden; jedoch dürfte die Ziffer von 150 000 ha als Gesammtödland in Bayern nicht zu hoch gegriffen sein.

[1]) von dem Borne: Die Oedlands=Ankäufe und Aufforstungen der Preußischen Staatsforst=Verwaltung mit besonderer Berücksichtigung der west= preußischen Kaffubei (Ztschr. f. Forst= u. Jagdw. XXIV. Jhg. 1892, S. 393).

[2]) Kollmann, Dr. Paul: Das Herzogthum Oldenburg in seiner wirthschaftlichen Entwickelung während der letzten 40 Jahre. Oldenburg 1893.

[3]) Commissions=Entwurf eines Gesetzes für das Herzogthum Olden= burg betr. die Beförderung von Waldkultur (F. Bl. N. F. 1882, S. 56).

[4]) Bericht über die XVI. Versammlung deutscher Forstmänner zu Aachen 1888 (Ney), S. 64.

[5]) Baumann, Dr. Anton: Die Moore und die Moorkultur in Bayern. F. nat. Z. 1897, S. 88).

Sachsen besitzt etwa 6000 ha Mooröbland im Erzgebirge. Auf Hessen entfallen nach den Angaben Weber's[1] 5000 ha im Vogelsberg.

Die gesammte Oedlandsfläche Deutschlands, soweit wir sie durch Litteraturangaben feststellen konnten, beträgt hiernach (nach der Größe der Oedländereien in runden Zahlen geordnet):

Preußen 3 200 000 ha,
Oldenburg 200 000 ha,
Bayern 150 000 ha,
Reichslande 42 000 ha,
Sachsen 6 000 ha,
Hessen 5 000 ha,

mithin im Ganzen etwa 3 603 000 ha. Zieht man noch die verschiedenen kleineren Oedungen Württembergs, Badens und der kleinen Bundesstaaten in Betracht, so wäre die Ge=sammtöblandsfläche Deutschlands mit 3,7 Millionen ha oder etwa 670 □**Meilen** anzunehmen, jedenfalls eine Ziffer, deren Größe zu denken gibt.

Bodungen[2] gibt hierfür bedeutend mehr an, nämlich 5¼ Millionen ha, welche Zahl aber wohl zu hoch gegriffen scheint. Freilich läßt die nicht bestimmt festgesetzte Bezeichnung „Oedland" bei Einschätzung den weitesten Spielraum frei.

Den bei weitem größten Teil des gesammten deutschen Oedlands nehmen die Moore ein; dann folgen die Haiden und Sandwüsten, und der kleinste Flächensatz entfällt auf das eigentliche Gebirgsödland.

Das klassische Wüstengebiet Oesterreich=Ungarns ist ohne Zweifel das Kalköbland des Karstes mit seinen 233 □Meilen holzleerer verödeter Weide = 49,3 % der Gesammtfläche der daran participirenden Provinzen: Küstenland (Istrien, Görz,

---

[1] Weber, Karl: Die Bodenwirthschaft im Vogelsberg und ihre Förderung insbesondere durch Wiederbewaldung und Verbesserung der Ge=meindegüter. Frankfurt a./Main, 1894, S 33.

[2] Die Aufforstung der öden Ebenen und Berge Deutschlands. Straß=burg, 1881.

Triest), Krain, Dalmatien und Kroatien. Eine treffliche Schil=
derung dieser Oedung findet sich in dem Werke „Istrien"[1] wie
folgt: „Der düstere Charakter des Karstes ist jedem Reisenden,
der auch nur e i n e Bahnfahrt nach Triest gemacht, hinlänglich
bekannt. Diese Schädelstätte einer verwüsteten Forstkultur, die
als verkrusteter Pilotenrost die Seestadt Venedig zu tragen hat
oder längst vermodert und versunken ist, stimmt gewiß nicht heiter.
— Es ist eine wüste und trostlose Gegend, wo man nirgends —
außer in einigen Spalten und Trichtern, die Gras, Gesträuche,
ein paar Bäume und vielleicht auch etwas Getreide hervorbringen
— auf einer Strecke von mehreren Quadratmeilen eine Spur von
Vegetation vorfindet." Die Fläche des gesammten Karstgebietes
betrug 1891[2] ca. 872 ☐ Meilen, welche sich auf Oesterreich=
Ungarn mit 472 ☐ Meilen, Bosnien und Herzegowina mit
300 ☐ Meilen und Montenegro mit 100 ☐ Meilen vertheilen.
Uns interessirt nur der speziell österreichische Antheil, von dem
(wie früher angegeben) 49 % in Weiden und Oeden bestehen.
Dazu kommen noch 28 % Wald, d. h. aber bebuschte elende
Weiden, also nach unserer Auffassung auch Oedland. Mithin
beträgt das ganze österreichische Karstödland rund 77 % der Ge=
sammtfläche oder ca. 363 ☐ Meilen.

Ungarns berüchtigtste Oedung ist die durch das Buch
Wessely's[3] bekannte „B a n a t e r W ü s t e", etwa 7 ☐ Meilen groß.
Auch die großen ungarischen Steppen (Pußten) sind eigentliches
Oedland; leider fehlen statistische Daten hierüber.

Das an Moorödem reichste Land Oesterreichs ist B ö h m e n
mit etwa 17 300 ha im Süden und 4 000 ha im Norden (Erz=
gebirge), zusammen demnach ca. 21 300 ha. Zu erwähnen wären
noch etwa 2 100 ha Flugsandböden des M a r c h f e l d e s. Eine

---

[1] Istrien. Ein Wegweiser längs der Küste für Pola und das
Innere des Landes. Triest, 1878.

[2] Bericht über die XVI. Wanderversammlung des österreichischen
Reichsforstvereins in Triest gemeinsam mit der Generalversammlung des
krainisch=küstenländischen Forstvereins (Oe. V. f. F. 1891, S. 31).

[3] Der europäische Flugsand und seine Kultur. Wien, 1873.

genauere Kulturstatistik, wie die in Preußen vorgenommene, wurde unseres Wissens bis jetzt in Oesterreich noch nicht ver= öffentlicht. Es sollen sich aber etwa 430 000 ha unproductives, jedoch zur Holzzucht geeignetes Land (also Oedland) vorfinden, wozu sicherlich noch ein großer Theil des als Weide mit Holz bezeichneten Flächenareals von etwa 975 000 ha zu rechnen sein dürfte.

Das großartigste Beispiel von opferwilliger Oedlandskultur hat wohl Frankreich gegeben. Trotz ungeheurer Anstrengungen (Kultur der ca. 800 000 ha großen Sumpfhaiden der „Landes", Bindung und Kultur von etwa 90 000 ha Küstendünen, Auf= forstung und Berasung der Gebirgsödländer in den Alpen, Pyrenäen, Cevennen ꝛc.) blieb in diesem Reiche (1885) [1] immer noch eine Oedlandsfläche von rund 7³/₄ Millionen ha oder ca. 1400 ☐ Meilen Oedland. Eine Mittheilung aus dem Jahre 1872 [2] gibt das fragliche Oedland (Haiden, Sümpfe, Dünen, kahle Ab= hänge) mit 11 Millionen ha oder ca. 20⁰/₀ der Gesammtlandes= fläche an, eine Zahl, die um diese Zeit nicht zu sehr von der Wirklichkeit abgewichen sein wird, da gerade in den 1870er und 1880er Jahren, also zu einer späteren Zeit, ganz außerordentliche Arbeiten in Oedlandskultur geleistet wurden. Ueberwiegend in Frankreich ist das Gebirgsödland mit etwa 2 Millionen ha.

In Belgien gab es (1878) [3] an Dünen und Sandboden (Flandern und Campine) etwa 800 000 ha, welche jedoch nicht durchaus als Oedland anzusprechen sind. Gering gerechnet sind es aber dennoch ca. 400 000 ha, zu welchen noch etwa 105 000 ha Oedland (Haiden in den Ardennen) kommen, so daß die gesammte belgische Oedlandsfläche sich auf etwa rund 500 000 ha belaufen dürfte.

---

[1] Annuaire des eaux et forêts, 1885.
[2] Brief aus Frankreich. Talfon's Bericht an die Nationalver= sammlung über den allgemeinen Stand der öffentlichen Arbeiten. (Allg. Forst= u. Jagdztg. 1872, S. 134).
[3] Emile de Laveleye: L'agriculture belge. Bruxelles 1878.

Holland besitzt trotz seines Reichthums an Mooren, die bekanntlich in hoher Kultur stehen, nur etwa 20 ☐ Meilen Oed=land in den Geldern'schen Haiden, die aber auch theilweise schon kultivirt sind.

Das Oedland in Dänemark betrug (1860)[1]) etwa 120 ☐ Meilen Haide, 10 ☐ Meilen Moor und 10 ☐ Meilen Dünen, zusammen also ca. 140 ☐ Meilen oder etwa $33^0/_0$ der Gesammt=landesfläche; 1888 waren nunmehr 100 ☐ Meilen Haiden (in Jütland) vorhanden.

Nach einer Angabe aus dem Jahre 1877[2]) finden sich in Schweden etwa 2400 ha Flugsandböden und 19 500 ha Weide=Oedungen, zusammen also rund 22 000 ha Oedland vor. Nach unserer Definition von Oedland dürfte jedoch die Fläche bedeutend größer sein.

Das an Wüsteneien reichste Land Europas ist aber ent=schieden Rußland. Die westrussischen Sümpfe betrugen (1893)[3]) ca. 5,5 Millionen ha; in Polen gibt es ca. 372 000 ha Oedland. Die südrussische Steppe, eine der großartigsten Oedländereien, mißt etwa 18 000 ☐ Meilen, welche Fläche einem Drittel der Gesammtfläche des europäischen Rußlands oder dem doppelten Flächeninhalt Frankreichs nahezu gleichkommt.

In Italien beläuft sich das Oedland, nach einer Mit=theilung aus dem Jahre 1878[4]), auf etwa $18,2^0/_0$ der gesammten Landesfläche, d. h. auf ca. $4^1/_4$ Millionen ha oder etwa 772 ☐ Meilen. Diese Zahl erscheint uns in Anbetracht der grauen=haften Verwüstungen der italienischen Gebirge (Apenninen, Alpen 2c.) glaubwürdiger als die beiden Angaben aus 1884[5]) mit 387 633 ha

[1]) Reinik, H. A.: Beiträge zur Waldschutz= und Aufforstungsfrage 2c. (Forstw. Ctbl. 1862, S. 261).

[2]) Dr. Albert: Die schwedische Forstverwaltung im Jahre 1877 (Forstw. Ctbl. 1881, S. 44).

[3]) Die Trockenlegung der westrussischen Sümpfe (Ctbl. f. d. g. Forstw. 1893, S. 235).

[4]) Henri Sagnier: L'agriculture en Italie. Paris 1878.

[5]) Forstw. Ctbl. 1885, S. 8.

und aus 1888[1]) mit 216 000 ha, welche sich offenbar nur auf das dringendst aufforstungsbedürftige Oedland beziehen und das andere ganz außer Rechnung lassen.

Das schweizerische aufforstungsbedürftige und hierzu geeignete Oedland beziffert sich auf 400 000 ha (1895)[2]).

Die übrigen europäischen Staaten, (ausschließlich Eng= land) Spanien und Portugal, Griechenland und Türkei, auch Serbien, Montenegro und die Donaufürstenthümer, besitzen beträcht= liche Oedlandsflächen, wie man aus den spärlichen Nachrichten über diese Reiche erfährt, deren Größe aber auch nicht annähernd be= kannt ist. Wir können aber für unseren Zweck um so leichter darauf verzichten, da es vorzugsweise Mitteleuropa ist, welches in unserer Abhandlung in Frage kommen soll. Stellen wir die ge= wonnenen Resultate je nach der Größe ihrer Oedlandsfläche zu= sammen, so erhalten wir folgende Uebersicht (in runden Summen):

1. Rußland   18 120 ☐ Meilen
2. Frankreich   1 400   „
3. Italien   772   „
4. Deutschland   670   „
5. Oesterreich=Ungarn[3]) 452   ,.
6. Belgien   100   „
7. Dänemark   100   „
8. Schweiz   72   „
9. Holland   20   ,.
10. Schweden   4   „

Summa 21 710 ☐ Meilen.

Die Gesammtsumme der europäischen Oedlands= fläche beträgt hiernach 21 710 ☐ Meilen und die Balkanstaaten :c.

---

[1]) Perona, B.: Gesetz über die Verbauung der Wildbäche, die Aufforstung und Berasung der Gebirgsgründe und der Dünen in Italien (Allg. Forst= u. Jagdztg. 1888, S. 182).

[2]) Supplement der Allg. Forst= u. Jagdztg. für 1895 (nach Bühler).

[3]) Wir halten die Oedlandsfläche Oesterreichs für bedeutend größer noch, aber es mangelte uns das statistische Material zum Nachweise hierfür.

einbegriffen sicherlich mehr als **22 000 ☐ Meilen**, d. h. eine Fläche
etwa so groß wie Deutschland, Oesterreich-Ungarn, Holland und
Dänemark zusammengenommen.

Diese Zahl bleibt aber noch hinter der Wirklichkeit zurück; es giebt
noch viele tausend Hektar Oedland, worüber statistische Aufzeichnungen nicht
bestehen und welche wir auch nicht annäherungsweise schätzen können. Als
Beispiel hierfür mögen nur folgende Oertlichkeiten angeführt werden: ver=
lassene Kies=, Sand= und Lehmgruben, aufgegebene Steinbrüche, welche oft
bei entsprechender Behandlung wieder in Kulturland ev. Kulturwasser (Fisch=
zucht) umgewandelt werden könnten, dann die unbebauten Böschungen (an
Schienenwegen), welche entweder zu Wiesen oder zu Weidenzucht, oft auch
noch zu anderer Kultur herangezogen werden sollten (man würde damit oft
Schutz und Nutzen vereinigen können). Es gehören weiter hierher die sog.
Materialgräben bei Bahnen, d. h. Flächen neben dem Bahnkörper, die
ursprünglich zur Gewinnung des benötigten Aufschüttungsmaterials dienten,
aber später allmählich produktionslose Wasserpfützen und Sümpfe bildeten;
auch diese könnten oft mit geringen Kosten kultivirt werden. Diese An=
deutungen erscheinen wohl als ein genügender Beleg dafür, daß die europäische
Oedlandsziffer mit 22 000 ☐ Meilen nicht zu hoch gegriffen ist.

So groß diese Ziffer auch ist, so erscheint sie doch gering
im Vergleiche zu den ungeheueren Wüstungen der anderen Erdtheile.

Asien mit seinen Steppen und Sandwüsten, Afrika mit
seiner Sahara, dem nubischen und südafrikanischen Sande,
Amerika mit seinen weiten Savannen und Pampas, der Salz=
wüste 2c., endlich Australien mit seiner Wüste im ganzen Innern
dieses Erdteils, übertreffen Europa an Oedland um das Vielfache.
Inwieweit Oedland ein notwendiges natürliches Uebel oder ein
Werk der vernichtenden Menschenhand und eine Folge des Kampfes
um das Dasein zwischen Thier= und Pflanzenwelt ist, werden
wir später sehen.

3. Frühere Beschaffenheit, Ursachen und Entstehung des dermaligen Oedlands.

Wenn wir diese ungeheueren Flächen Oedlands überblicken,
so drängen sich uns unwillkürlich die Fragen auf, ob das Oedland
früher einen anderen Charakter gehabt habe, welche Ursachen die

Entstehung desselben waren und endlich), wie das Werden des heutigen Oedlands sich vollzogen hat?

Zunächst wollen wir an der Hand der Geschichte und sonstiger nachweisbarer Umstände die Frage beantworten, ob das Oedland früher etwa anders ausgesehen habe bzw. ob dasselbe nicht ursprünglich Kulturland gewesen ist? In der Mehrzahl der Fälle wird die Antwort dahin lauten, daß — mit geringer Aus= nahme des „natürlichen“ Oedlands — das übrige „künstlich“, d. h. durch Einwirkung des Menschen und seiner Wirthschaft hervorgerufen worden ist. Die größte Menge des Oedlands in Deutschland umfaßt, wie wir gesehen haben, die Moor= und Haideländereien. Dies war nicht immer so; dort wo sich heute unermeßliche Oedlandsflächen ausdehnen, waren einstmals die schönsten Wälder mit Holzarten bestockt, die zum Theil heute im Aussterben begriffen sind [1]).

Bei Betrachtung der deutschen Moore (von Norden nach Süden) finden wir, daß die schleswig=holsteinischen Moore einst bewaldet waren, bzw. daß dort, wo heute Moore sich ausdehnen, früher Wald wuchs. Der Beweis hierfür ist in dem Vorkommen der betreffenden Holzarten in den Mooren zu suchen. Man kann deutlich vier Perioden unterscheiden, je nach der Lagerung im Moor. Die unterste Schicht bilden Aspen mit Birken und Weiden, die nächste Kiefern mit einem Unterholz von Weiden, Birken, Haseln, Eichen, Linden ꝛc. Diese Periode endigte wahrscheinlich mit der zweiten Eiszeit. Hierauf folgen Eichen mit Haseln in dichten Beständen und endlich Buchen, die eine Zeit lang mit Eichen zu= sammen wuchsen.

Die Emsmoore sind jedenfalls uralt und stockte früher an deren Stelle (wenigstens mancherorts) ebenfalls Wald, wie das Vorkommen von Bäumen in ihnen beweist.

---

[1]) Als Beispiel möge die Eibe genannt werden. (Vorkommen derselben im Steller Moor bei Hannover mit Stämmen von 1 m Umfang, deren Holz noch zu erhalten ist).

Aus den im Moor versunkenen Kiefern schwelt man im Dorfe Wahn[1]) auf dem Hümmling schon lange Theer, welcher thranähnlich sogar zur Beleuchtung von Stuben verwendet wird.

Für das Alter der Emsmoore spricht der Umstand, daß zu ihrer Entstehung wohl Tausende von Jahren nötig waren, da das Wachsthum des Torfs im Allgemeinen ein sehr geringes ist und die Moore eine beträchtliche Tiefe haben. Das langsame Wachsen des Torfs beweisen z. B. die pontes longi[2]) aus Eichenholz im Bourtanger Moor. Diese sollen nach einigen Schriftstellern der von Domitius gebaute Heerweg Caecina's, nach anderen Autoren ein Verbindungsweg zwischen den dortigen römischen Handelskolonien, auch wohl zwischen dem Kloster Terapel und dessen Stammkloster Bentlage gewesen sein. Diese pontes longi[3]) wurden nun unter einer 90—120 cm starken Torfschicht entdeckt, was auf ein Wachsthum des Torfs von 50—75 mm in 100 Jahren schließen läßt. Hierbei ist aber vorausgesetzt, daß sich diese Prügelwege nicht gesetzt haben. Im Falle einer Senkung wäre für das Wachsen des Torfs natürlich eine noch geringere Ziffer anzunehmen.

Die erste Nachricht über die Emsmoore erhalten wir in Plinius nat. hist. liber. XVI, § 4, wo der Verfasser von den dort ansässigen Chaucen erzählt „captumque manibus lutum ventis magis quam sole siccantes terra cibos et rigentia septentrione viscera sua urunt". Diese Stelle beweist unwiderleglich, daß diese Völkerschaft die Benutzung eines Schlammes (lutum) d. h. Torfs zu Koch- und Heizzwecken kannte. Wenn auch Plinus weiter von „altissimae (sc. silvae) tamen haud procul supra dictis Chaucis" berichtet, so ist uns die Nichtbenutzung des Holzes dieser Wälder zu Brennzwecken nicht auf-

[1]) Burckhardt: Wald, Moor und Wild im Emslande (A. d. W. VI. Heft, 1875, S. 1).

[2]) Burckhardt a. a. O.

[3]) Guthe, Hermann, Dr.: Die Lande Braunschweig und Hannover. Hannover 1867, S. 51.

fallend. Heute noch wird hierzu vorzugsweise Torf verwendet, um wie viel mehr aber in alter Zeit, wo die ebenfalls auch von Plinius geschilderte gänzliche Unpassirbarkeit eine derartige Be= nutzung des Holzes ausschloß. Uebrigens dürfte das „haud procul" des Plinius nicht mit unseren heutigen Begriffen von Zeit und Entfernung zu messen sein.

Wo heute die Moore des Erzgebirgs sich erstrecken, war früher Wald, wie das Vorfinden von Bäumen im dortigen Moore beweist. Bei den Entwässerungsarbeiten dieser Moore konnten pro ha etwa 60—70 m Moorholz gewonnen werden. Auch dort, wo in unserer Zeit die Nordsee flutet, war einst Wald. Bevor der atlantische Ocean die Hügelkette zwischen Schottland und Norwegen und zwischen England und Frankreich durch= brochen hatte (etwa 1500—3000 v. Chr.), war der Boden der jetzigen Nordsee trocken, ähnlich dem nördlichen Theil der deutschen Tiefebene zwischen Oder und Ems, und trug Eichen und Nadel= hölzer, welche heute in den Mooren auf dem Meeresgrund ruhen.

Wenn auch bei den Mooren nicht geschichtlich nachgewiesen werden kann, daß sie an Stelle von Wald traten, so fehlt dieser geschichtliche Nachweis keineswegs den deutschen und außerdeutschen Haide=, Sand= und Gebirgsödländereien. Das größte deutsche Haide= gebiet, die Lüneburger Haide, war noch vor 200 Jahren mit herrlichen Eichenwäldern bestockt. Das Sandödland der Kassubei trug Kiefernwald, ebenso waren auch die Dünen der west= und ostpreußischen Küsten bewaldet. Man fand dort 3 übereinander= liegende Schichten des heutigen, alten und Urwalds. Erhalten ist der heutige Wald nur noch stellenweise; der alte Wald bildet schwarze humusähnliche Schichten mit eingebetteten Baumresten in den Niederungen und Einsenkungen. Der Urwaldrest ist nur noch ein feiner, schwarzer oder kaffeebrauner Sand mit etwa 14% organischer Substanz. Die Sandwehen des Binnenlands sind nicht älter als die festen menschlichen Wohnsitze mit regelmäßigem Vieh= trieb, da sie durch diesen entstanden sind und erhalten werden.

Das Haideland Schleswig=Holsteins war bewaldet[1]); noch im
11. Jahrhundert nennt Adam von Bremen dieses Land das
waldreichste von Deutschland, ebenso behaupten dies noch spätere
Schriftsteller. Die große Segeberger Haide entstand im 14.
Jahrhundert, die Dithmarsische Haide erst im 17. Jahr=
hundert, die öden Blankeneser Berge an der Elbe wurden vor
200 Jahren geschaffen und die öden Hüttener Berge erst zu Anfang
dieses Jahrhunderts. Auch die schleswig=holsteinische Westküste wurde
erst durch Sturmfluten und Dünenbildung entwaldet. Das Holz
jener Wälder ruht in den zum Theil unterseeischen Mooren.

Eifel und hohes Venn, jetzt wohl wieder in Kultur gebracht,
waren bis vor Kurzem Oedland und werden wohl kaum die Be=
waldung wieder erzeugen, welche sie vor Jahrhunderten gehabt
haben. In der Eifel gab es die herrlichsten Laubwälder, welche
z. B. der dortigen ehemaligen Abtei Steinfeld[2]) (gegründet 920
n. Chr.) nicht nur das Material zu baulichen Vergrößerungen,
sondern auch zu Schnitz= und Stulpturarbeiten (später von eng=
lischen Kunstliebhabern theuer bezahlt) lieferten. Die mächtigen
Eichenthüren, aus nur wenigen Stücken zusammengesetzt, zeigen
keine Spur von Aesten. Von den Wäldern des hohen Venns
spricht die Volkssage in den Jagden, welche dort Karl der Große
abgehalten haben soll und zeugen die Reste der ehemaligen Baum=
riesen (100 cm und darüber starke Eichen=, Buchen=, Birken= und
Fichtenstämme), welche sich in den dortigen Torfmooren finden.

In den Vogesen war das heutige Oedland ehedem auch be=
waldet; so entstand z. B. die Wüstenei um den schwarzen und
weißen See erst im Anfang dieses Jahrhunderts. Thüringens
verödete Muschelkaltberge trugen früher ebenfalls Wald und ent=
standen erst in Folge unvorsichtiger Bewirthschaftung desselben.

Von den holländischen Haiden (Hooge Velnwe in Geldern)

---

[1]) von Binzer: Die Bewaldungsverhältnisse und das Verhalten der
Waldbäume in Schleswig=Holstein (Ztschr. f. Forst= u. Jagdw. 3. B. 1871,
S. 122).

[2]) Forstliche Skizzen aus der Eifel. (Krit. Bl. 37. B. 1856, Heft 1,
S. 176).

wissen wir, daß sie ursprünglich auch bewaldet waren, was die dortigen Ortsnamen auf „lo oder loo" (holländisch: Wald) en= digend, bestätigen. Ebenso müssen die Dünen einst bewaldet ge= wesen sein; sonst hätten sie sich landeinwärts bewegt, und die älteren Schriftsteller würden dies jedenfalls erwähnt haben. Nun finden sich aber die ersten Nachrichten über Dünen erst in den Schriften des Mittelalters, in welchen diese „versluivende Kust= duinen"[1]) genannt werden. Uebrigens ist das Wort „Düne" neueren Ursprungs; es fehlt den altskandinavischen und altdeut= schen Sprachen, weil dazumal noch der Begriff an und für sich unbekannt war.

Die dänischen Haiden waren ursprünglich gleichfalls Wald; in Bezug auf ihre Entstehung wird auf spätere Mittheilungen verwiesen. Auf der dänischen Insel Seeland gab es noch vor 500 Jahren einen großen Wald „Tidswilde Hegn"[2]), der heute eine vollendete Flugsandwüste ist.

So könnten wir noch manche andere Beispiele dafür an= führen, daß der bei weitem größte Theil des europäischen Oedlands ursprünglich Wald gewesen ist. Wer wüßte dies nicht von den verwüsteten französischen und italienischen Alpen, deren Waldzer= störung der neueren Geschichte vorzugsweise angehört? Ein Oedlandgebiet jedoch möge hier noch besonders erwähnt werden und zwar dasjenige des Karstes vor seiner Verwüstung. Daß der Karst einstmals mit prächtigen Laub= und Nadelwäldern bedeckt war, ist durch fast alle Geschichtsforschungen und außerdem durch andere Umstände erwiesen. Wir besitzen hierüber reiches historisches Material und eine Menge stummer und doch so beredter Zeugen. Alle alten bezüglichen Urkunden, auf welche wir später nochmals zurückkommen, sowohl die aus frühester Zeit (z. B. Statut der Stadt Triest 1150) als auch aus späteren (15.—18.) Jahrhunder= ten, enthalten mitunter sehr strenge forstpolizeiliche Bestimmungen, die gewiß nicht erlassen worden wären, wenn es keine Wälder

---

[1]) Winkler, Dr. T. C.: Zand en duinen. Dockum 1865, S. 42.
[2]) von Binzer: Tidswilde Hegn, eine Flugsandstrecke auf der dänischen Insel Seeland. (F. Bl. N. F. 1876, S. 8).

dort gegeben hätte. Andere Urkunden gestatten gewisse Nutz=
nießungsrechte in den dortigen Waldungen, z. B. das Privilegium [1]
des Kaisers Karl V. an die Stadt Triest im Jahre 1522, be=
treffend „Aushackung der Eichen am Triester und Görzer Karste".
Noch andere konstatiren direkt das Vorhandensein von Wäldern,
z. B. eine Urkunde aus dem Wippacher Archiv [2] vom 6. April
1616, welche besagt: „Zu Ramb oberhalb des Dorfs ist ein schöner
Aichenwald, daraus sich die Unterthanen da selbst ohne Stellung
beholzen". Heute sind dort nur noch Wachholderbüsche zu finden.
Die noch vorhandenen Waldreste sprechen ebenfalls für die einstige
Karstbewaldung und geben zugleich Anschauung über die natürlich
vorhandenen Holzarten, sowie über den Waldcharakter selbst. Solche
Waldreste sind z. B. der Lippizaner Staatsforst in Istrien, der
Ternovaner Staatsforst in Görz und der Staatswald Paklenizza
in Dalmatien. Die Waldungen sind Hochwälder von Eichen,
Buchen und Tannen. Was der einstige Karstwald geleistet haben
mag, ist aus einem concreten Fall im Ternovaner Forst zu er=
sehen. Daselbst gab es Tannen von folgenden Dimensionen:
Höhe 40—41 m (bis 20 und sogar 22 m schaftrein), Brusthöhen=
durchmesser 1,26—1,76 m, Zopfstärke 0,76—0,82 m, Formzahl
0,36—0,44 und Kubikinhalt 21,14—30,23 fm (pro Stamm).
Noch andere Umstände deuten auf den ehemals vorhandenen Wald
hin, wie alte Sagen und Ortsnamen, z. B. Medvedjak (medved
heißt im südslavischen der Bär), ebenso die in den Karsthöhlen
gefundenen Knochen von Thieren, die nur im Walde gelebt haben
konnten. Wenn auch so Vieles auf die ehemalige Karstbewaldung
deutlich hinweist, so mögen doch gewisse Partien des Karstes
niemals Vegetation getragen haben. [3]

---

[1] Scharnaggl, Simon: Die Forstwirthschaft im österreichischen
Küstenlande rc. Wien, 1873, S. 28.

[2] Dr. Hlubeck: Die Bewaldung des Karstes (Allg. Forst= u.
Jagdztg., 1859, S. 113).

[3] Buddeus, Dr. Aurelio: Der Karst mit Fiume. — Aus einem
Vortrag in der Geographischen Gesellschaft zu München (Beilage zur Allge=
meinen Zeitung, 1877 No. 103, Augsburg).

Ob die Banater oder Bieleberder Wüste, über deren Entstehung historische Nachrichten fehlen, ehedem bewaldet war, ist nicht mehr zu konstatiren, wenngleich das Vorhandensein uralter Linden und Silberpappeln die ehemalige Bestockung vermuthen läßt. Nach einigen Nachrichten sollen es Nomadenvölker gewesen sein, die den vorhandenen (?) Wald zerstörten; andere vermuthen in dem Sandbecken einen ehemaligen Seegrund der Donau.

Wenn wir nun das europäische Oedland verlassen und einen Blick auf das anderer Erdtheile werfen, so sehen wir, daß — wie die Geschichte nachweist — stellenweise (Mesopotamien, Persien, Syrien) hohe Kultur der Verwüstung vorangegangen ist, während anderenorts die Wüstungen Jahrtausende alt sind. Die Steppen Asiens und die Sandwüsten Afrikas waren wohl nie mit Wald bedeckt oder irgend einer Kultur unterworfen. Entgegen der Meinung, daß auch hier sich einst Wälder befanden, die durch Menschen vernichtet worden seien, worauf Funde von Urnen in Ortschichten hindeuten sollen, müssen wir gerade diesen Beweis deshalb für unrichtig ansehen, weil der Ortstein ein Gebilde histo= rischer Zeit ist, da man ihn in den Aschen= und Thränenkrügen der Hünengräber vorfand. Daß in Amerika an Stelle des Waldes in neuester Zeit ungeheure Flächen von Oedland getreten sind, ist so allgemein bekannt, daß nähere Nachweise wohl nicht er= forderlich erscheinen.

Was die zweite Frage nach der Entstehung des Oedlands anlangt, so ist diese den mannigfaltigsten Ursachen zuzuschreiben. Man kann jedoch das Oedland nach seiner Entstehungsart in zwei große Gruppen bringen, u. zw. in: Oedland, entstanden durch das freie, selbstthätige Walten der Natur — hierher gehören z. B. die Moore, Sümpfe, Meeresdünen, Steppen, — und Oedland, hervorgerufen durch den Menschen und seine Wirthschaft, vollendet aber allerdings oft auch durch die entfesselten Naturkräfte. Hier= her werden wir besonders die Gebirgsöden, Haide= und Flugsand= flächen zu zählen haben. Die Trennung der Antheile, welche einer= seits die Natur, andererseits der Mensch an der Schaffung von Oedland genommen hat, ist naturgemäß ungemein schwierig, da

dieser wie jene sich häufig in die Hände arbeiten und so der
strenge Unterschied von Menschenwerk und Naturschöpfung ver=
wischt wird. Die großen Moore der norddeutschen Ebene sind
theils durch Sturmfluthen des Meeres, theils durch eine allge=
meine Senkung der Erdschichten und darauf folgender Ueber=
stauung mit Wasser entstanden; sie sind also natürlichen Ursprungs.
Ebenso verursachte und verursacht fortwährend das Meer auf natür=
lichem Wege die Bildung von Dünen, welche die Natur im Laufe
der Jahrhunderte gebunden und mit Pflanzenwuchs bedeckt hatte.
Erst der Mensch war wieder dazu ausersehen, aus ihnen gefähr=
liche Sturz= und Wanderdünen zu machen.

Die russischen Steppen und die natronhaltigen Pußten
Ungarns sind auch von natürlicher Entstehungsart, wie die sibi=
rischen Tundren und amerikanischen Prairien. Natürlich sind auch
die sumpfigen Niederungen an den Mündungen großer Ströme
und die sumpfigen Ufer mancher großer Flüsse, sowie die west=
russischen Sümpfe und Moräste. Die berüchtigten fiebererzeugenden
pontinischen Sümpfe sind wenigstens zum Theil natürlichen Ur=
sprungs und in Folge des äußerst geringen Gefälls der Flüsse
Amaseno, Ussente und Sisto entstanden, da diesen wegen vorliegender
Sandbänke der Abfluß ins Meer fehlte.

Ursprünglich befand sich an Stelle der Sümpfe fruchtbares Land,
welches nach seiner Eroberung durch die Römer (358 v. Chr.) und Hinweg=
führung seiner früheren Bewohner (Volster) in Folge des Verfalls der
Wasserableitungs=Kanäle und des stagnirenden Wassers der genannten Flüsse
allmählig zum Sumpf umgewandelt wurde.

Durch den Menschen und seine Wirthschaft aber erzeugt sind
die öden Haiden und Sandlandschaften, sowie die Kahlhänge der
Gebirge u. dgl., sie alle haben ein gemeinsames Merkmal der
Entstehung, und dieses heißt: Waldverwüstung.

Betreffs der cimbrischen Haiden behauptet Emeis[1]) einen natürlichen
Ursprung; sie sind nicht durch Waldbevastation entstanden, obwohl dadurch be=
günstigt, sondern durch Verkieselung des Bodens (Bildung von „Neuquarz")
und sollen demnach ein Produkt des Bodens und Klimas und überhaupt

---

[1]) Allgemeines über Wald, Moor und Haide in Schleswig=Holstein
(F. Bl. N. F. 1874, S. 201).

geologischen Alters sein. Gegen diese Annahme wendet sich besonders Daube[1]), welcher die Bildung von Neuquarz in Abrede stellt, da eine Auswaschung des Oberbodens (Verkieselung) nicht möglich sei. Die Mehrzahl der im Boden vorkommenden Stoffe ist schwer löslich; zudem wirkt die Absorptions= kraft dem Auswaschen entgegen, welchen Umstand schon Liebig erkannte, nachdem er fruchtlose Versuche mit seinem Mineraldünger (in unlöslicher Form) gemacht hatte.

Die Natur hatte alle diese Flächen ursprünglich mit dem Waldgewande bekleidet, und wäre dieses auch noch so dünn gewebt gewesen, so gewährte es doch einigen Schutz gegen die Verödung. Die Beweggründe, die den Menschen zur Zerstörung seiner Wälder veranlaßten, sind verschiedenster Art. Theils finden sie ihre Ent= stehung in der Natur des Menschen selbst, theils in zwingenden äußeren Einflüssen.

Mit dem Anwachsen der Bevölkerung mußte nothwendig die Fläche für deren Ernährung gewonnen werden; folglich mußte der Wald dem Pfluge weichen. Das wäre und ist ganz am Platz, wo es sich um Böden handelt, die rationeller durch eine andere als die Forstwirthschaft genutzt werden können, und wo keine weiteren Interessen im Spiele stehen. Schwere Fehler sind aber hierbei in dem Streben nach landwirthschaftlich zu benutzenden Böden gemacht worden. Niemals hätte z. B. die Lüneburger Haide in dem Maße entwaldet werden dürfen, wie dieses geschehen ist. Der Boden, der zwar einst schöne Wälder ernährte, konnte auf die Dauer doch keinen Ackerbau vertragen, da er den erforder= lichen Dünger nicht durch eigne Wirthschaft zu erzeugen im Stande war, sondern diesen auch noch dem Boden (durch Plaggenhieb) entnehmen mußte und überdies dessen Vegetation durch schrankenlose Weide nutzte. Wie in der Ebene und den mittleren Gebirgen (Moldauthal von Moldauthein bis Prag und Elbethal von Leitmeritz bis Bodenbach) vorwiegend das Streben nach Ackerland zur Waldverwüstung und Verödung führte, so war es in den höheren Gebirgen vor allem die Sucht nach Weideland, die den

---

[1]) „Das naturgemäße Zurückweichen des Waldes" in Schleswig= Holstein 2c. (F. Bl. N. F. 1881, S. 2).

Wald vernichtete (französische und italienische Gebirge, der Karst). Die vielfach verbreitete Ansicht, daß in der Ebene der Ackerbau stets besser rentire als die Forstwirthschaft, ist nicht richtig. Sie gilt nur für gewisse Bodenklassen und Zeitverhältnisse, wie Thaer[1] nachgewiesen hat. Man sollte auch in hochkultivirten Gegenden mit Waldausrottung nicht so schnell bei der Hand sein, wie es leider in Folge des Hastens nach höheren Erträgen oft geschehen ist und noch geschieht. Aus unserer Praxis ist uns unter Anderem ein Fall bekannt, in welchem sogar in fruchtbarer ebener Zuckerrübengegend der Wald pro Flächeninhalt im Durchschnitt höher rentirte als die (nach stattgehabter Rodung) an seine Stelle getretene Kultur. Aus dem Walde wurden sauere versumpfte Wiesen, und die Aecker brachten, nachdem der natürliche Dünger des ehemaligen Waldes aufgezehrt war, kaum die Hälfte desjenigen Reinertrags pro Flächeneinheit ein, welche der frühere Wald geliefert hatte. So geschehen auf den Landgütern der königlichen Hauptstadt Olmütz in Mähren!

Die Axt allein arbeitete den Verwüstern viel zu langsam; aus diesem Grunde nahmen sie von jeher, wo es möglich war, das Feuer zu Hilfe[2]. Jedoch reichten oft sogar Axt und Feuer nicht aus, um die zähe Lebenskraft des Waldes zu vernichten. Dies gelang erst dem Weidevieh, besonders der Ziege und dem Schafe. Wenn wir auch diese beiden Beweggründe der Wald= zerstörung, Sucht nach Vergrößerung des Ackerlandes und Vermehrung der Weidegründe, ev. noch entschuldbar finden könnten, da sie oft mit der Existenzfrage eines mitunter großen Bevölkerungstheils auf das innigste verknüpft sind, so sind doch alle sonstigen Ursachen der Waldverwüstung: Habsucht, Eigennutz,

---

[1] Unter welchen Voraussetzungen ist es gerathen, landwirthschaftlich benutzten Boden aufzuforsten? (Sonderabdruck aus den Landwirthschaftlichen Jahrbüchern. Berlin, 1890).

[2] Noch im Jahre 1862 brannten siebenbürgische Wallachen in der Nähe von Teplitza 13 225 ha Wald nieder. Boner: Siebenbürgen. Land und Leute. Leipzig, 1868, S. 338.

Sorglosigkeit, Verschwendung [1]), Indolenz u. s. w., zu verurtheilen. Habsucht und Sorglosigkeit im Verein mit Indolenz [2]) haben viel Oed= land auf dem Gewissen. Wo der Holzabsatz leicht und das Waldeigen= thum von den Fesseln der staatlichen Aufsicht befreit war, da konnte es den Spekulanten, Banken und Abstockungsgesellschaften nicht schwer werden, ihr verderbliches Zerstörungswerk zu beginnen und zu vollenden (Steiermark, Sudeten, Alpenländer). Die Freigabe des Waldeigenthums (§ 4 des Landeskulturedikts vom 14. September 1811), Servitutenablösung durch Abtreten von Waldboden veran= laßten in Preußen indirekt das Entstehen von vielen Strecken Oedlands. Die Theilung der Haiden in Oldenburg war ein schwerer wirthschaftspolitischer Fehler.

Die Markentheilung im hannoverischen Emsland (1835) ver= nichtete dort die letzten Waldreste. Während in Deutschland meistentheils die Vertheilung des gemeinschaftlichen Waldeigen= thums mehr oder weniger indirekt zur Veröbung führte, ist es am Karst gerade der gemeinschaftliche Besitz, der die dortigen traurigen Zustände hauptsächlich mitverschuldet hat und noch heute das Haupthinderniß zu einer besseren Gestaltung der Dinge bildet. Der gemeinschaftliche Besitz beträgt in Triest 55°/₀, Istrien 50°/₀, Görz 58°/₀ und Dalmatien 67°/₀ des gesammten Karstgebiets. Diesen Krebsschaden erkannte schon Kaiserin Maria Theresia in ihrer Waldordnung vom Jahre 1771. „Das öde Steinfeld ist ungeregeltes Gemeindegut, die erfrischende Oase lastenfreies Privateigenthum", sagt schon Wessely über den Karst [3]). Die wenigen ursprünglich landesfürstlichen Waldungen gingen in Folge

---

[1]) Die amerikanischen Bahnen heizen mit Holz und benöthigen hierzu pro Jahr etwa 700 ☐ Kilometer Wald!

[2]) In Folge Deichbruchs am 18. November 1421 wurden plötzlich 72 Dörfer mit 2 ☐ Meilen fruchtbarem Land vernichtet und 100 000 Men= schen ertranken, es entstand das Sumpföbland „Biesbosch" (Binsenbusch) bei Gorkum in Holland. (Grunert, Julius Theodor: Der Boden und seine Kultur in den Niederlanden, mit besonderer Rücksicht auf Holzbau (F. Bl. 12. Heft, 1866, S. 1, hier S. 13).

[3]) Das Karstgebiet Militärcroatiens und seine Rettung. Agram, 1876.

mangelnder Aufsicht an die Gemeinden durch Usurpation verloren, Großgrundbesitz mangelte überhaupt, und die Aufhebung des Reservatrechts der Krone auf Schiffbauholz in den Karstwäldern (1824) bereitete den noch vorhandenen spärlichen Resten ein schnelles Ende.

Kriege vollführen im Wirthschaftsleben der Völker stets gewaltige Umgestaltungen, theils durch direkte, theils durch in= direkte Vernichtung von Werthen bzw. Gütern. Dort, wo schon von Alters her die natürlichen Kriegsschauplätze sind, bzw. in den Gegenden, welche am meisten von Kriegen heimgesucht wurden, werden wir wenig Wald finden. Er fiel zum Opfer, indem seine Stämme entweder direkt zur Kriegsführung benutzt wurden (Be= festigung der niederländischen Inseln zur Zeit der französischen Revolution durch das Holz der dortigen Küstenwälder) oder — versilbert — zur Bezahlung von Kriegsschulden dienten. Mit Vor= liebe greifen die Völker für diese Zwecke in diese Sparbüchse, un= bekümmert darum, daß sie sich Oedland schaffen. Einen schlagenden Beweis für die Waldverwüstung in Folge der Kriege bietet uns das Emsland (unteres Emsgebiet, die ehemaligen Herzogthümer Arenberg, Meppen), welches wegen seiner strategisch wichtigen Lage (Paß von Süden nach Norden) von jeher ein Kriegstummel= platz gewesen ist. Von den Einfällen der Friesen, dem 50 Jahre lang dauernden Kriege der Tecklenburger Grafen gegen Münster (1400), von dem spanisch=niederländischen Kriege an bis zum 30jährigen Kriege, welcher die Hauptursache des Ruins der dortigen Waldungen war und von da während des münster=holländischen und des sieben= jährigen Krieges bis zu den napoleonischen Feldzügen im Anfang unseres Jahrhunderts verlor das Emsland Stück um Stück seines Waldes, bis es eine „lybische Wüste" (Burckhardt)¹) wurde.

Der Staat selbst bzw. seine Verfassung und Regierung war auch häufig Ursache der Verwüstung vieler Wälder und des Entstehens von Oedland. Die Demokratie hat schon an und für sich einen Hang zur Waldzerstörung; so wurden 1791—1801 in

---

¹) A. a. O. S. 7.

Frankreich etwa 500 000 ha Wald vernichtet, nicht etwa in Folge der dekretirten Freiheit der Waldausrottung, sondern aus bloßer Devastationswuth, die durch die Revolution hervorgerufen in den Waldungen einen Rest der Feudalherrschaft erblickte. Wollte doch 1796 ein französischer General sämmtliche Waldungen Südfrank= reichs vertilgen, bloß weil diese Schlupfwinkel der Royalisten und Aristokraten wären[1]). Verkäufe von Staatswaldungen, bewirkt durch die Lehren, daß der Staat sich nicht zum Betriebe des forstlichen Gewerbes eigne, führten zur Devastation und Veröbung. In Oesterreich wurden von 1800—1884 über ²/₃ sämmtlicher Staats= und mehr als ¹/₂ sämmtlicher Fondsgüter verkauft. Im Jahre 1800 gab es noch an:

Cameral= und Montanforsten	Fondsforsten
3 304 800 ha	641 712 ha
im Jahre 1884 nur noch:	
1 021 311 ha	333 711 ha.

Inwieweit der Staat durch mangelnde Aufsicht und fehlerhafte Gesetzgebung (Freiheit des Waldeigenthums) indirekt schuldtragend am Entstehen von Oedland ist, haben wir vorstehend gesehen. Auch eine unrichtige Besteuerungsart ist oft Ursache, daß bereits vorhandenes Oed= land (besonders wirthschaftliches) als solches bestehen bleibt, indem es in diesem Zustande wegen einer geringen Rente nur einer äußerst geringen oder gar keiner Steuer unterliegt, während es bei Auf= forstung sogleich einem bedeutend höheren Steuersatze unterworfen wird. Da die geringe Rente aufgehört hat und dem Eigenthümer Kosten erwachsen sind, er auch die Früchte seiner Melioration wahrscheinlich nie genießen wird, so würde er dadurch doppelt geschädigt werden, einmal durch den Entgang der Rente und dann in der Vermehrung seiner Ausgaben, unter gleichzeitiger Ver= ringerung seiner Einnahmen.

Außer den im Vorstehenden geschilderten Hauptursachen der Entstehung des Oedlands in größerem Umfange mögen nach=

[1]) Frankreichs Entwaldung (Mtschr. f. d. Forstw. 1865, S. 50).

stehend noch einige mehr nebensächliche Thatsachen erwähnt werden, wodurch Oedland geschaffen oder dessen Entstehung wenig= stens begünstigt wird.

Interessant ist z. B. die Beobachtung, daß der Maulwurf zur Bildung des Karstödlands insofern beiträgt, als die von ihm aufgestoßene, ohnehin spärliche Erde von der Bora entführt wird. Daß ferner die dalmatinische Sardellenfischerei mit zur Waldver= wüstung und damit Oedlandsbildung Veranlassung gibt, dürfte gleichfalls nicht allgemein bekannt sein. Die sogenannten Leucht= boote bedürfen nämlich ziemlich bedeutende Mengen Holzes und zwar solches, welches jung und harzreich ist. Dazu werden ver= wendet eine ganze Anzahl für die Bodenbindung wichtiger Bäume und Sträucher, wie Pinus maritima, Juniperus oxycedrus, und andere Holzarten. Während der Saison braucht ein Leuchtboot 75 fm solchen Holzes à 5 fl. = 375 fl. Nachdem durchschnitt= lich 160 Leuchtboote fahren, so beträgt das benöthigte Holzquantum zusammen 12000 fm, im Werthe von 60 000 fl. oder ca. 8 % des Werths des Fischereiergebnisses (745 000 fl.), was an und für sich schon eine zu theuere Beleuchtung ist und in keinem Ver= hältniß zu dem angerichteten Schaden steht[1].

Durch die Ausführung einer hervorragenden Kulturarbeit, nämlich den Bau des Ems=Hase=Kanals, wurde in Folge zu starker Entwässerung die Osterbrooker Haide, ursprünglich eine fruchtbare Wiese, geschaffen und so Oedland erzeugt.

Wege und Triften in sandigen Gegenden, die nicht einge= halten wurden, ferner Windmühlen gaben oft local Veranlassung zu Versandungen und somit Schaffung von Oedungen. Die Windmühlen wurden in den sandigen Ebenen gewöhnlich auf einem Sandhügel erbaut und der vorhandene Wald in weitem Umkreis abgeholzt, da sie nach dem allgemeinen preußischen Land= recht von 1794 (II. Theil 15. Titel § 247) das Recht hatten, Holzanbau, der ihnen durch Auffangen von Wind nachtheilig

---

[1] Zacher, Dr. G.: Die Wälder Dalmatiens und die Sardellen= fischerei (Oe. B. f. F. 1889, S. 253).

werden konnte, bis zu einer gewissen Entfernung auszuschließen. Dadurch war aber dem Entstehen von Flugsand Vorschub geleistet. Uebrigens besaßen die neueren nach 1810 (Windmühlenedikt) erbauten Windmühlen dieses Recht nicht mehr.

Die Grundursache des meisten durch den Menschen und seine Wirthschaft geschaffenen Oedlands ist nach dem Vorstehenden die Waldverwüstung. Dies müssen wir daher entgegen der Ansicht Borggreve's[1] „Waldverwüstung ist der Beginn jeder Kultur, die nothwendigste Vorbedingung derselben", als den Beginn jeder Unkultur, die erste Stufe zum Oedland bezeichnen.

Wie vollzieht sich nun das Werden, die Entstehung des Oedlands?

Wenn Wasser in seinem Abflusse gehindert ist und auf dem durchnäßten Boden gewisse Wassergewächse (Erica- und Sphagnum-Arten rc.) sich ansiedeln und fortwachsen können, wobei diese durch beständige Wasserhaltung eine Verwesung ihrer abgestorbenen Reste verhindern und so in der Regel die Vertorfung herbeiführen, so entsteht ein Moor. Undurchlassender Untergrund, Thon, Ortstein u. dgl., selbst mit Humus oder humushaltigem Thon gesättigter Sand (Sohlbänder) ist für die Entstehung die erste Bedingung[2]. Die Torfbildung selbst ist noch wenig erforscht.

Ob ein Grünlands- (Wiesen) oder ein Hochmoor entsteht, hängt von der Beschaffenheit des Wassers ab. Ist dieses hart, also kalkreich, so siedeln sich von den Wasserpflanzen besonders Cyperaceen (Carex- und Scirpus-Arten) und von den Gramineen besonders Phragmites communis an, d. h. aus diesen entsteht nach und nach ein Wiesenmoor. Diese Art Moore finden sich vorzüglich in den Niederungen (womit die Bezeichnung

---

[1] Bericht über die XVI. Wanderversammlung des österreichischen Reichsforstvereins in Triest, gemeinsam mit der Generalversammlung des krainisch-küstenländischen Forstvereins. — S. auch Oe. V. f. F. 1891, S. 31.

[2] Griesebach: Ueber die Bildung des Torfs in den Emsmooren. Göttingen 1846, Seite 41. — Senft: Die Humus-, Marsch-, Torf- und Limonit-Bildungen als Erzeugungsmittel neuer Erdlagen. Leipzig 1862, Seite 98.

Niederungsmoore zusammenhängt) und Flußthälern, meist auf sandigem oder kiesigem Untergrunde. Bei dem Vorhandensein von weichem also kalkarmen Wasser, sei der Untergrund nun thonig oder kiesig oder sandig, treten vorzugsweise Sphagnum, Eriophorum und die Ericaceen (Calluna vulgaris und Erica tetralix) auf, welche die Vertorfung herbeiführen. Das Moor wächst concav von außen nach innen (uhrglasartig), erreicht oft eine bedeutende Mächtigkeit und heißt in Folge seiner gewölbten Gestalt (Wiesenmoore sind eben) Hochmoor. Beide Arten von Mooren sind mitunter nicht scharf zu trennen, da sie häufig ineinander übergehen. Solche Uebergänge werden als Mischmoore bezeichnet. Wenn ein Wiesenmoor sehr mächtig ist, so daß durch Absorption der Kalksalze an die Oberfläche nur kalkfreies Wasser gelangt, so kann daraus ein Hochmoor entstehen.

Einen interessanten Umwandlungsprozeß eines Grünlandmoores in ein Hochmoor beobachtete E. Ramann[1]) in den baltischen Mooren. Dort finden sich auf dem Niederungsmoor zunächst Betula nana und Salix rosmarinifolia ein und bilden so eine Waldbestockung. Dazwischen tritt Sphagnum auf, welches — immer üppiger wuchernd — die genannten Holzarten zum Absterben bringt und so die Hochmoorbildung einleitet.

Hier wären auch noch die Mullwehen („Melmwehen" im Oldenburgischen) zu nennen. Es sind dies Moorflächen, die durch übertriebene Benutzung (Totbrennen beim Brandfruchtbau) oder schlechte Behandlung (Plaggenhieb und maßlose Schnuckenweide) ihre natürliche vegetabilische Bodendecke verloren haben. Der rohe Moorboden ist hier bei trockener Witterung staubig und flüchtig, bei nassem Wetter schlammig und treibend.

Sümpfe haben Ähnlichkeit mit den Mooren; nur gibt es bei ihnen noch keine Torfbildung. Moor und Sumpf könnten wir auch als Wasseröedland bezeichnen, da es das Wasser ist, welches diese Art Oedland erzeugt. Wohl ist auch das Wasser Ursache der Bildung von Dünen, aber doch nicht unmittelbar, weshalb wir Dünen nicht hierher — sondern zu dem Sandöedland — rechnen.

---

[1]) Wald und Moor in den russischen Ostseeprovinzen (Ztschr. f. Forst- u. Jagdw., XXVII. Jhg. 1895, S. 17).

Wenn Sandboden seine natürliche Vegetation verloren hat, sei es durch Mißwirthschaft (unwirthschaftliches Ausbeuten des an sich armen, unbewaldeten Sandbodens durch schlechte Beackerung u. s. w. oder durch unvorsichtige Entwaldung des bestockten Sand= bodens) oder durch sonstige (auch natürliche) Umstände und in Folge dessen der Verödung anheim gefallen ist, so haben wir es mit Sandödland zu thun. Dieses wird zum Haideödland — worüber noch gesprochen werden wird — wenn sich der arme Boden mit Haidewuchs bedeckt; anderseits bleibt es Sandödland im engeren Sinne oder Flugsand mit den beiden Hauptgruppen Dünen (Meeressand) und Sandschollen (Binnensand).

Die Dünen entstehen an den Meeresufern durch das Uebereinanderlagern des vom Meere bei hochgehender Flut aus= geworfenen Sandes. Das Wachsen der Dünen schreibt Borg= greve[1]) dem freiwillig sich ansiedelnden oder angebauten Helm (Arundo arenaria L.) zu, indem der Flugsand ohne Helm sich nicht aufthürmen könne. Dadurch, daß der Helm nicht von oben nach unten wachse, sondern umgekehrt, bildet er gleichsam das Gerippe, um welches der Sand sich lagert; es ist also jede Pflanze so hoch, wie die Düne selbst. Junge Pflanzen findet man nur an der Grenze der Düne, d. h. dort, wo die Düne im Entstehen begriffen ist. Eine ähnliche Erscheinung im Binnenlande, also Aufthürmen von 8—10 m hohen Sandbergen, soll in den Syrten= Oasen die Tamariske, welche ähnlich wie der Helm wächst, hervorrufen.

Der seiner schützenden Vegetation beraubte Sandboden im Binnenland wird im trocknen Zustande häufig zum Flugsandboden oder Sandscholle, indem der trockne Sand vermöge seines geringen Zusammenhangs bei dem Mangel von thonigen oder humosen Bestandtheilen durch Winde leicht entführt wird.

---

[1]) Entstehung und Veränderung der Dünen (F. Bl. N. F. 1876, S. 47).

Haideödland[1]) kann man neben dem Sandödland zu den trockenen Oedländern zählen, wozu auch das Kalfödland gehört. Ersteres umfaßt alle aus irgend einem Grunde (Entwaldung, Bodenentblößung, Streuentnahme) verarmten trockenen, sandigen oder thonigen (Haidelehm) Böden, welche die Haidevegetation (Calluna auch Vaccinium und Spartium) tragen. Letzteres begreift alle derartigen in der Regel vegetationslosen oder sehr dürftig bewachsenen Kalkböden. Ein treffender Ausdruck für das Haideödland auf Sandboden ist „Geest- oder Güstland" (Ostfriesland), was soviel wie unfruchtbares Land bedeutet, im Gegensatz zu „Gast"-Land womit ein Ort bezeichnet wird, an dem schon von altersher Getreidebau getrieben wurde. In Bezug auf die im Haideödland mitunter häufig vorkommenden Ortsteinbildungen wird auf später verwiesen.

Böden mit starkem Kalkgehalt (Kalkböden) neigen an und für sich schon zum Austrocknen, Verhärten und Veröden und werden, bei Bloßliegen sehr rasch zur vollendeten Wüste, zum Kalködland. Das großartigste Bild von Kalködland bildet, wie bereits früher hervorgehoben wurde, der Karst. Ueber seine Entstehung wurden von jeher sehr verschiedene Hypothesen aufgestellt. Uns will die von Kramer[2]) ausgesprochene am richtigsten scheinen. Die Karstkalke waren in der Eocänzeit mit mächtigen mergeligen, thonigen und sandsteinartigen Gebilden bedeckt. Die Terrainkonfiguration war eine feuchte Ebene, worauf die Funde in den Karsthöhlen von fossilen Knochen und Skeletten tertiärer Pflanzenfresser (Pferde, Rinder ꝛc.) insofern hindeuten, als deren Nahrung unbedingt Wiesen und diese wieder thonigen oder lehmigen Boden voraussetzen. Als sich dann Berg und Thal bildete, wurden diese

---

¹) Borggreve nennt Haide eine Halbkulturformation, die lediglich durch eine gewisse menschliche Bodenbenutzungsart entstanden, keine natürliche Vegetationsform und kein Oedland sei.

²) Kramer Dr. Ernst: Beiträge zur Bodenkunde des Karstes (Ctbl. f. d. g. Forstw. 1890, S. 9).

Gebilde abgeschwemmt und lagerten sich in den Mulden und
Thälern (z. B. Soil= und Wippachthal) ab, wo sie den als
„terra rossa" bezeichneten fruchtbaren Boden abgaben. Dieser
steht somit — entgegen anderen Auffassungen — in keinem Zu=
sammenhang mit den Karstkalken und ist nichts anderes als der
zusammengeschwemmte und wiederholt geschlemmte Ueberrest ter=
tiärer Lehme, Thone und Mergel, deren Eisenverbindungen um so
leichter in rothes Eisenoxyd verwandelt wurden, als die Karst=
beschaffenheit den Oxydationsprozeß außerordentlich begünstigte.
Durch die Verwüstung der Karstwälder wurde der Boden bloßgelegt.
Bora und Sonne wirkten ein, zersetzten und entführten den Humus.
Die Wurzeln starben ab, und die Regengüsse schwemmten die
fruchtbare Nährschicht zu Thal, sodaß endlich die auch den heutigen
Karstbewohnern noch wohlbekannte Erscheinung „die Steine wachsen
aus dem Boden" eintraf. Für die thatsächlich erfolgte Abschwem=
mung des fruchtbaren Bodens mangelt es nicht an Beweisen.
Der Monte maggiore, vor einigen Jahrhunderten mit Urwald
bis zum Gipfel bedeckt, ist heute kahl und verkarstet, sein Nähr=
boden liegt zu seinen Füßen und bildet im Osten den fruchtbaren
Küstenstrich von Volosca bis Lovrana, im Westen gegen das
Innere des Landes die Striche bei Wranja, Mandici, Susnjevica
bis zum Cepic=See. Aehnlich ist bei Spalato die Gegend von
Salona; die ursprüngliche römische Ansiedelung liegt heute einige
Meter tief unter der Erde. Der ganze Gebirgszug von Nabresina
bis Dolina ist oben verkarstet, unten fruchtbar, wo der Hang zu
steil war, rutschte die Erde in's Meer.

Das Gebirgsödland in allen seinen Formen ist beinahe
durchgehends durch Verwüstung des schützenden Waldes entstanden.
Der bloßgelegte Boden vermag die atmosphärischen Niederschläge
nicht so aufzunehmen und zu vertheilen wie der waldbedeckte Boden.
Er wird von den Gewässern abgeschwemmt und diese selbst tragen
ihn mit seinem Ursprungsgestein als verheerende Wildbäche in
weite Ferne, oft in fruchtbare Gegenden, wo sie durch Verschotte=
rung und Schuttkegelbildung neue Verödung herbeiführen. Auf
diese Weise entsteht ein Uebel aus dem anderen.

Ob das dermalige Oedland in Zu= oder Abnahme be=
griffen ist, läßt sich nicht ohne weiteres entscheiden; jedoch wird
man leider nicht fehl gehen, wenn man eine allmählige Zunahme
der Oedungen annimmt. Wir weisen nur darauf hin, daß trotz
der vielfältigsten und zum Theil recht guten Forst= bzw. Wald=
schutzgesetze, trotz der Verordnungen über Landeskultur und Meli=
oration in Folge nicht genügend strenger Handhabung der gesetzlichen
Vorschriften jährlich hunderte, ja tausende von Hektaren Wald der
Verwüstung überliefert und hierdurch sehr häufig zu Oedland
werden. Andererseits trägt die Nothlage der Landwirthschaft zur
Vermehrung des „Waldödlands" bei, indem immer größere, seither
durch schlechten Ackerbau genutzte Flächen der Bearbeitung entzogen
werden, liegen bleiben, und so der Verödung anheimfallen. Aus=
wanderung bewirkte häufig das Aufgeben der Kultur solcher Flächen,
worauf die Verödung davon Besitz nimmt. Trotz gewaltiger Kultur=
bestrebungen besonders in neuester Zeit gelingt es nicht mit der
Kultur verödeter Landstriche so schnell zu folgen und dem Fort=
schreiten der Verödung einen Damm zu setzen. Wir erinnern nur
an den Karst, wo die Verkarstung jährlich um $2\frac{1}{3}$ ☐ Meilen vor=
rückt und zunächst diese zu hemmen wäre, wo 12 Jahrhunderte
nöthig sein würden, die bereits heute vorhandenen Wüsten wegzu=
schaffen, wenn die Kultivirungsarbeiten nicht rascher und umfang=
reicher als bisher vor sich gehen, und weiter an die Sandwüsten im
Osten Deutschlands, wo die bisherige Kultur dieser Flächen im größeren
Maße in Folge Ertragslosigkeit abnimmt. Besonders rühmend
hervorzuheben sind die Kultur= und Meliorationsarbeiten auf diesem
Gebiete in Deutschland und Frankreich. Daß es in Oester=
reich nicht so rasch vorwärts geht, liegt an lokalen Verhältnissen,
denen Rechnung getragen werden muß. Zur Vermehrung des
Oedlands tragen auch gewisse Wirthschaftsformen bei, welche heute
noch in großer Anzahl und Ausdehnung bestehen und mehr oder
weniger Raubwirthschaften (z. B. Schiffelland, Reutberge 2c.) sind,
die unfehlbar früher oder später zur Verödung führen müssen.
Freilich ist es andererseits nicht möglich, diese plötzlich aufzugeben,
obwohl sie eigentlich, nach unserer Definition über Oedland, schon

Oedland sind. Ist es nicht auch ein Beweis für die fortschreitende
Vermehrung des Oedlands, wenn so häufig und noch in jüngster
Zeit die Nachrichten über verwüstete Landstriche (meist durch Wild=
bachverheerung) auftauchen? Welche Summe an Zeit, Kraft und
Geld bedarf es nicht, um ein in wenig Stunden entstandenes Oed=
land wieder in Kultur zu bringen!

4. Benutzung des Oedlands.

Nachdem vorstehend die Ursachen und die Entstehung der
Oedländereien geschildert wurden, haben wir nun zu erörtern, ob das
Oedland in seiner jetzigen Gestalt ganz und gar unbenutzbar ist,
oder ob doch irgend eine Nutzung desselben stattfindet. Aus dem
Eingangs festgestellten Begriff „Oedland" erhellt wohl schon, daß es
auch Oedländer mit einer, allerdings unwirthschaftlichen Nutzung gibt
(Haide und Moor, Gebirgsödland). Andere schließen irgend eine
Benutzung in der Gestalt als Oedland vollständig aus (Flugsand).
Hier wäre zunächst nun die Art und Weise, Werth und Bedeutung
der seitherigen Benutzung des Oedlands zu besprechen. Ländereien
(z. B. Moore), welche früher Oedland waren, was sie in derselben
Gestalt in andern Gegenden oft noch sind, heute aber in rationeller
Kultur stehen, sind von dieser Besprechung ausgeschlossen.

Bei dem Haideödland erstreckt sich die Benutzung sowohl
auf den Boden als solchen, als auch auf die darauf freiwillig sich
einstellende Vegetation (in der Regel Haidekraut Calluna). Der
Boden dient dem Ackerbau, welcher auf diesen Flächen nur da=
durch ermöglicht wird, daß die Vegetation desselben selbst als
Dünger in Verwendung kommt. Es ist dies ein wirthschaftlicher
Irrthum und stempelt eben dadurch den Haideboden zu Oedland.
Sobald dieser zur forstlichen Kultur herangezogen wird, hat er
aufgehört Oedland zu sein. Die am weitesten ausgedehnten Be=
nutzungsarten der Vegetation des Haideödlands sind zweifellos
die zu Dungzwecken (Dungplagge oder Mähhaide zu Streu, in
Westfalen „Strabes" genannt) und zu Weide; beide scheinen sehr

alt zu sein. Schon im „Heergewedde" [1]) wird die Plaggensichel genannt. Weidebetrieb ist jedenfalls die älteste Form der Be=
nutzung der Haide. Das Wort „Haide oder Heide" stammt von „hüten", plattdeutsch „henen" und bedeutet „Weide", vielleicht ursprünglich einen Waldweidebezirk, da unter Haide heute noch z. B. in den von der Limburger Haide östlich gelegenen Ländern meist schlechter Kiefernwald (allerdings oft in Begleitung von Calluna) verstanden wird.

So alt nun die Haidenutzung zu Dungzwecken ist, ebenso ver= derblich ist sie auch, vorzüglich in der Form als Dungplagge, da sie sich dann nicht damit begnügt, bloß die Bodenvegetation zu benützen, sondern auch den Boden selbst in seinem oberen humosen Theile mit= nimmt und gleichsam Rente sammt Kapital angreift. Hand in Hand mit dieser Bodenschindung geht oft ein übermäßiger Weidebetrieb. Die herrschende Viehgattung sind Schafe (Haidschnucken). Auf dem seit Jahrhunderten nur zu Weide benutzten Geestboden des Hümmling [2]), einer ca. 12,3 ☐ Meilen großen Haideödlands= fläche, wurden vor etwa 30 Jahren noch 78 328 Schnucken oder pro ☐ Meile 8400 Stück getrieben, welche Ziffer mehr als das Sechsfache der Einwohnerzahl beträgt. In der Lüneburger Haide besitzt ein sog. Haidhof durchschnittlich eine Größe von 300 ha. Hiervon sind etwa 50 ha landwirthschaftlich benutzt, während die übrigen 250 ha zu dem alle 5—7 Jahre wiederkehrenden Plaggen= hieb und in dieser Zeit außerdem der Schafweide dienen. 1 ha Acker benöthigte demnach etwa 5 ha Wildland, welches den Dünger und noch Weide liefern muß; es gibt aber auch Wirth= schaften, die das Doppelte an Wildland brauchen. Daß dies eine Raubwirthschaft ärgster Sorte ist, wird sofort klar, wenn man die Untersuchungen des Revierförsters Fiedeler [3]) in Hohenfier

---

[1]) Man versteht hierunter den Ehrentheil einer Erbschaft, welcher dem Manne zufällt. Im Jahre 1426 bestätigte der Bischof Heinrich von Moes der Stadt Meppen das „uralte Recht" des Heergewedbes.

[2]) Burckhardt a. a. O. S. 20.

[3]) Euckhausen F.: Die Haideflächen und ihr Nutzungswerth. (A. b. W. IX. Heft, 1879, S. 89, hier 96).

(bei der Göhrde) berücksichtigt. Nach diesem gibt 1 Morgen (0,25 ha) Haide (verschont von allen Nutzungen) ca. 7 zwei= spännige Fuder à 1000 kg mitteltrockene Streu, wo aber bei der Nutzung der Boden nicht verletzt wurde. Nach 8 Jahren gab derselbe Morgen nur 5½ Fuder, dann nur 3½, mithin in 16 Jahren nur 9 Fuder à 3 ℳ (erntekostenfrei) 27 ℳ; oder pro Jahr und ha 6,80 ℳ. Bei Weiternutzung würde man schließlich gar nichts ernten. Unter Zugrundelegung dieser Untersuchung und bei Berücksichtigung des Umstands, daß die Haideflächen schon durch viel längere Zeiträume (Jahrhunderte) auf diese Art genutzt wurden und zudem Weide liefern mußten, wird es leicht begreiflich, daß ein ha Haide pro Jahr nicht mehr als 2,40 ℳ, sehr häufig aber noch weniger, abwirft. Nach einer anderen Aufstellung[1] liefert 1 ha Haide im 4—10 jährigen (also im Mittel 7 jährigen) Turnus auf Streu genutzt im Mittel 15 zweispännige Fuder à 800 kg grüne oder 600 kg trockene Streu. Der Preis pro Fuder beträgt etwa 3,50 ℳ, mithin resultirt in den 7 Jahren ein Erlös von 7,50 ℳ pro Jahr und ha. Diese Ziffer stimmt mit der vorigen (6,80) insofern ganz gut überein, als es sich hier um einen kürzeren Turnus handelte; im zweiten Turnus wird der Ertrag wahr= scheinlich von den genannten 6,80 ℳ nicht mehr abweichen. Wo Haidekraut kräftig wächst, kann dieses in etwa 10 jährigem Turnus zu Streu genutzt werden und gibt dann pro Morgen für diesen Zeitraum etwa 15 ℳ oder pro ha und Jahr 6 ℳ.

Der Weidewerth des Haidekrautes besteht in seiner Eigen= schaft des Ueberwinterns, sowie darin, daß es zeitig im Frühjahr Grünfutter gibt. Es ist auch als junge Pflanze eine beliebte Aesung für Auer=, Birk= und Haselwild; ferner dient es als Nothfutter für Reh= und Rothwild zur Ueberwinterung, u. zw. besser als trockenes Heu. Der Bedarf einer Haidekuh von 100 kg Schlachtgewicht schwankt pro Jahr von 4½ Morgen (Meyer) bis 40 Morgen (Peters). In der holländischen Veluwe genügen 22

[1] Meier, A.: Die Haiden Norddeutschlands. (A. d. W. V. Heft, 1874, S. 1).

Morgen Haide für eine Kuh oder 12 Haideschafe. Die beste und schonendste Nutzung des Haideödlands, wie sie derzeit stattfindet, ist die Schafweide, wenn diese in den nöthigen Schranken ausgeübt wird. Der Jahresbedarf einer Schnucke beträgt etwa 1 Morgen und wo viel Gras unter der Haide steht, etwa $\frac{1}{2}$ Morgen. Da sich der Jahresertrag einer Schnucke auf 1,50 ℳ beläuft (auf der hannoverischen Geest liefert ein Haidschaf in der Sommerschur 1—1$\frac{1}{4}$ Pfund, im Herbst $\frac{1}{2}$ Pfund Wolle à 45—50 ₰), so ist dieser zugleich die Rente für $\frac{1}{4}$ bzw. $\frac{1}{3}$ (Maximum) ha Haide oder demnach pro ha und Jahr 6 ℳ — höchstens 12 ℳ (seltenster Fall) Rente. Auch diese Zahl stimmt wieder mit der früher genannten Rente von 6,80 ℳ bei der Nutzung als Streu überein. Hierbei ist jedoch zu bemerken, daß diese Rente bei dem Weidebetrieb eine sicherere ist, indem durch die Düngung der weidenden Schafe dem Boden doch wenigstens ein Theil der verlorenen Nährstoffe wieder ersetzt wird. Die Verringerung der Erträge dürfte hiernach nicht in dem Maße erfolgen, als bei der Nutzung auf Streu.

Haidhöfe, welche wie vorstehend geschildert, pro 1 ha Acker 10 ha Haide benöthigen, erzielen (nach Enckhausen[1]) mit allen ihren Erträgen und Nebennutzungen einen Reinertrag von höchstens 28—32 ℳ pro Jahr auf diesen 11 ha. Ein ha Haide besitzt einen Verkaufswerth von 120 ℳ, und wenn der Acker mit der darin enthaltenen Gare 3 mal höher im Werth steht, also 360 ℳ pro ha kostet, so ergiebt sich die Summe von 1560 ℳ für ein ha Acker nebst den zugehörigen 10 ha Haideland, die es zu seiner Erhaltung bedarf. Bei einem Zinsfuße von 4% würden obige 1560 ℳ jährlich 62,40 ℳ Zinsen abwerfen, mithin das doppelte dessen, was durch landwirthschaftlichen Betrieb erzielt wird. Zudem stecken in letzteren Erträgen auch noch Theile des Kapitals. Auf diese Weise wird es begreiflich, daß Haidhöfe von etwa 300 ha (d. i. die Durchschnittsgröße) nothdürftig eine Familie mit dem

---

[1] A. a. O. S. 100.

Gesinde ernähren. Ist dies nicht ein Beweis dafür, daß wir es in diesem Falle mit wirthschaftlichem Oedland zu thun haben?

Außer den beiden geschilderten Hauptbenutzungsarten des Haideödlands (Düngerproduktion und Weide) gibt es noch eine ganze Reihe kleinerer, mitunter recht belangreicher, Nutzungen, welche die Haide liefert.

Die Bienenzucht wirft unter Umständen sehr ansehnliche Erträge ab. Etwa ¹/₅ der gesammten Wachs- und Honigerzeugung Hannovers trägt die Lüneburger Haide. Mancher Imker hat eine Reineinnahme von 1500—2000 ℳ; ja in größeren Bienenzuchten von etwa 300 Stöcken noch mehr wie das doppelte und mehrfache. Ein guter Stock gibt in günstigen Jahren bis 45 kg, im Durchschnitt etwa 20 kg Honig. Bei einem Preise von 75—90 ℳ pro 1 Centner Honig ergeben sich ganz bedeutende Einnahmen. In Holland dient der von den Haidebienen gewonnene Honig zur Fabrikation der berühmten Lebkuchen ¹), von denen allein Deventer a. Yssel jährlich 350 000 Stück versendet.

Als Brennmaterial (besonders Holland und Schweden) wird das Haidekraut entweder gemäht oder besonders auf moorigen Stellen mit dem Boden als Brandplagge (30 cm im □) benutzt. Ein Morgen gibt etwa 25 Fuder à 1000 Stück Brandplaggen; die gemähte Brennhaide (altes Haidekraut) kommt in Bunden (1 m lang und 50 cm Durchmesser) zur Verwendung, hauptsächlich bei Bäckern. Ein solches Bund kostet etwa 20 ₰.

In Schottland und auf den Hebriden, in Holland und an anderen Orten wird das Haidekraut abwechselnd mit Stroh als Dachdeckungsmaterial benutzt.

Bekannt ist die Verwendung von Callunabüschen als Deckmaterial für Flugsand und als Bindemittel für sandige Wege u. dgl. Tausende von Besen aus Haidekraut werden jährlich gebraucht in ganz Norddeutschland (kleine Scheuerbesen), Holland (zur Milchgeschirr-Reinigung), England und Frankreich (auf den Schiffen) u. s. w., sie sind besser als solche aus Birkenruthen.

---

¹) Grunert: a. a. O. S. 31.

Auch technische Verwendung als Gerb= und Färbemittel
hat Calluna gefunden.

Sehr mannigfaltig ist demnach die Benutzung der Erzeug=
nisse des Haideöblands und wäre diese in jeder Hinsicht rationell,
so müßte man aufhören, die Haide zum Oedland zu rechnen.
Bis heute aber gehört sie nach unserer Ansicht in ihrer jetzigen
Gestalt und Benutzung noch immer dazu.

Eine ausgedehnte Benutzung finden im Weiteren die M o o r e.
Insoweit diese Benutzung sich auf die Gewinnung des Torfs als
solchen zu t e c h n i s c h e n Zwecken bezieht, fällt sie n i c h t in den
Kreis unserer Betrachtung, denn im rationellen Abbau der T o r f =
m o o r e ist der erste Schritt des Ueberganges zur Kultur zu er=
blicken. Ebenso sind die Moore, welche heute in hoher Kultur
stehen (Fehne) hier nicht inbegriffen. Wir haben es hier auch
wieder mit der vorwiegend l a n d w i r t h s c h a f t l i c h e n Benutzung des
Mooröblands, zu Ackerbau und Weide, zu thun. Die Art des
Moores selbst bestimmt in der Regel zugleich die Art einer mög=
lichen Benutzung und zwar als H o c h m o o r zum A c k e r b a u
mit nachfolgender Weide, G r ü n l a n d s m o o r nur zur Weide.
Jedoch gibt es natürlich auch Ausnahmen von dieser Regel. Die
Moorvegetation wird häufig als S t r e u (Riedstreu der Bauern
Oberschwabens) genutzt und werden diese Moorflächen geradezu als
„ S t r e u w i e s e n" bezeichnet. Jeder Ackerbau auf dem Moore ist
zunächst gekennzeichnet als B r a n d f r u c h t b a u, d. h. es wird der
vegetabilische Ueberzug des Moores durch Feuer zerstört, um die
obere Bodenschicht zu entsäuern und ein geeignetes Keimbett bzw.
einen geeigneten Boden für die landwirthschaftlichen Kulturgewächse
herzustellen. Brandfruchtbau wird beinahe auf sämmtlichen nord=
deutschen Mooren (mit Ausnahme Schleswig-Holsteins und dem
Osten des Deutschen Reichs)[1], besonders westlich der Elbe, in
Ostfriesland, Hannover, Oldenburg bis zur holländischen Grenze
und in Holland selbst getrieben. Die eigentliche Heimath des

---

[1] Hier wurde vor 100 Jahren zwar auch mit Brandkultur begonnen,
aber diese bald wieder aufgegeben.

Moorbrennens ist das linke Weserufer. Im nordwestlichen Deutsch=
land werden jährlich etwa 40—50 000 ha Moore gebrannt, und
auf diese Weise einem sonst ertraglosen Oedland beinahe kostenlos
eine Ernte abgerungen. Der bei dieser Benutzungsart entstehende
Moorrauch, von dem eine schädliche Einwirkung in mannigfacher
Beziehung behauptet wird, gab Anlaß zu verschiedenen Unter=
suchungen, von welchen später die Rede sein soll. Der Brand=
fruchtbau ist entweder vorübergehend, wie die Brünings'sche
Methode (s. später) oder bleibend.

Bei vorübergehender Brandkultur beträgt deren Dauer ge=
wöhnlich 5—6 Jahre, während welcher Ackerbau getrieben wird,
u. zw. gewöhnlich im 1. Jahr Roggen, im 2.—5. Jahr Buch=
weizen und im 6. Jahr wieder Roggen, damit sich Weidekräuter
einfinden. Dann bleibt die Fläche als Brache von 20—30 Jahren
der Weide überliefert. Borggreve¹) nennt das Moorbrennen
rationell, weil es die einzig mögliche Methode sei, dem Moorland
einen Ertrag abzugewinnen. Von diesem Gesichtspunkte aus wäre
wohl beizustimmen gewesen. Da aber die neueren Untersuchungen
bewiesen haben, daß der Brandfruchtbau bleibend durchaus nicht
die einzige Methode der Ertragschaffung auf Moorödland sei,
sondern dieses eine noch ganz glänzende Zukunft und Rolle zu
spielen habe, so müssen wir diese Benutzungsart als rationell ver=
werfen und Moore in dieser Benutzung als Oedland ansehen.
Daß das zu Weide benutzte Moorödland keinen großen Werth be=
sitzt, ist leicht einzusehen, wenn man bedenkt, daß die Moorvege=
tation an und für sich in ihrer Zusammensetzung kein geeignetes
Viehfutter liefert, wozu noch andere Unzuträglichkeiten kommen, wie
das Einsinken des Weideviehs, das in den Bodenstampfen des
ohnehin geringwerthigen Futters, wodurch naturgemäß der Weide=
Ertrag ein immer geringerer wird u. s. w. Das Moorödland
gewährt also in der Regel eine schlechte Weide, und doch wird

---

¹) Recension über Brünings Schrift. Den forst= und landwirthschaft=
lichen Anbau der Hochmoore mittelst des Brandfruchtbaus, Berlin 1881
(Forstl. Bl. N. F. 1882, S. 51).

oft eine beſſere Benutzung desſelben dadurch unmöglich gemacht, daß Servituten auf den betr. Moorflächen ruhen. Maßloſer Auftrieb des Weideviehes bringen die Ertragsfähigkeit der Moorweide wohl gar bis zum Punkte völliger Ertragsloſigkeit. Auf dem Wietingsmoor[1]) (Hochmoor von rund 6 000 ha) gehen täglich 20 000 Schnucken zur Weide, mithin pro ha täglich 3—4 Stück Weidevieh.

Das Gebirgsödland dient mit wenigen Ausnahmen[2]) beinahe ausſchließlich der Weide, beſonders im Hochgebirge. Der an Stelle des verwüſteten Waldes ſich einſtellende üppige Gras= wuchs fordert ja geradezu zur Weidenutzung auf, der im Laufe der Zeit immer größere Flächen Waldboden eingeräumt werden. Wie gering ſind aber doch ſchließlich die Erträge! Die zur Schafweide benutzten Steilhänge der ſchwäbiſchen Alb (weißer Jura) geben als Reinerträge pro ha und Jahr bis höchſtens 6 ℳ. Wo Rindvieh noch weiden kann, iſt es mit den Erträgen wohl etwas beſſer geſtellt. In den Hochvogeſen wird Weide zu 12—15 ℳ. pro ha verpachtet. Die größte Zahl des Gebirgsweideviehs, ſoweit es ſich um Oedland handelt, ſtellen aber Schafe und Ziegen. Auf dem Karſtgebiet[3]), welches 49% ſeiner Fläche ſchlechte Weiden und Oedungen um= faßt, kommen im Geſammtdurchſchnitt auf 100 Stück Rindvieh, 456 Schafe und 91 Ziegen. Der verhältnißmäßig geringe Satz von 91 Ziegen auf 100 Rinder wird aber nur dadurch erreicht, daß die ſehr geringen Verhältnißzahlen von 100 Rinder: 7 Ziegen (Küſtenland) bzw.: 3 Ziegen (krain. Karſt) auf das Geſammt=Er= gebniß einwirken, denn in Dalmatien beſteht das Verhältniß 100

---

[1]) Gerdes: Die flüchtigen Moorflächen, ſog. Mullwehen, in der Provinz Hannover und im Großherzogthum Oldenburg (A. d. W. IX. H. 1879, S. 159).

[2]) Schiffelkultur in der Eifel (Raubwirthſchaft ärgſter Art) Turnus 18jährig u. zw. Brache 15 Jahre (14 Jahre Weide=, 1 Jahr Streunutzung), Ackerbau 3 Jahre. Reinertrag pro ha im Ganzen 30 ℳ. oder pro Jahr 1,70 ℳ. Im 2. Turnus natürlich noch ſchlechter. Brandbau in den Ar= dennen, Alpen, auch die badiſche Reutbergwirthſchaft.

[3]) Guttenberg, H. v.: Zur Aufforſtung des Karſtes (Ctbl. f. d. g. Forſtw. 1883, S. 372).

Rinder zu 920! Schafe: zu 240! Ziegen. Bekanntlich ist die Ziege das gefährlichste Thier für den Wald, und in letzter Instanz für die Schaffung von Oedland verantwortlich zu machen. Dabei ist eigentlich der direkte Nutzen der Weide, gegenüber Stallfütterung, welche dem Eigenthümer der weidenden Ziege zu gute kommen soll, äußerst gering, während der zugefügte Schaden oft unermeßlich ist. Nach Untersuchungen Zdarek's[1]) kostet eine Ziege pro Jahr

an Stallfütterung   an Weide

ö. W. fl. 27,10   ö. W. fl. 15.85

an Milchnutzen wirft sie ab

ö. W. fl. 30.   ö. W. fl. 19.—.

Es verbleibt mithin ein

Reinertrag von

ö. W. fl. 2.90   ö. W. fl. 3.15

oder die Weide wäre um 25 kr. ö. W. = 40 ₰ nutzbringender als Stallfütterung, was aber deshalb unrichtig ist, weil der Dünger, welcher bei der Stallfütterung der Wirthschaft verbleibt, und immerhin einen Werth darstellt, bei der Weide verloren geht.

Eine besondere Art der Benützung von Oedland zur Schweinezucht findet in Spanien[2]) statt. Das dortige, vorwiegend durch Kriege mit darauf folgender Auswanderung entstandene Oedland (Verödung des Ackerlandes), ist der Hauptsache nach mit Haide und einem Strauche span. jara (Cistus ladaniferus) bewachsen. Die Besitzer dieser Flächen bestocken sie mit Quercus ilex und jetzt vorzugsweise mit Quercus suberosa in weitem Abstand (10 m), weil die Bäume zu Mastbäumen erwachsen sollen.

Die im Tiefland an der Theiß und Donau vorkommenden Alkaliböden (Székböden) dienen zur Gewinnung von Soda, welche von ihnen abgekehrt wird. Diese Böden sind Oedland im vollsten Sinne des Wortes, da sie in Folge ihres, dem Pflanzenwuchs schädlichen Gehaltes an Na_2CO_3, vollständig steril sind. Dennoch könnten sie bei entsprechender Behandlung (durch Bewässerung oder

---

[1]) Die Ziege und der Wald (Ctbl. f. d. g. Forstw. 1885, S. 201).
[2]) Strichler: Forstliches aus Spanien (F. Bl. N. F. 1888, S. 164).

Aufbringen von Gyps, Ca_2SO_4, wodurch unlösliches Ca_2CO_3 und unschädliches Na_2SO_4 sich bilden würde) zu Kulturland gemacht werden, da sie sonst sehr reich an Pflanzennährstoffen sind.

5. Die Beziehungen des Oedlands zur Forst=, Land= und Volkswirthschaft.

Das Oedland sowohl als solches, als auch in seiner Be= nutzung, wie wir sie vorstehend geschildert haben, ist theils direkt, theils indirekt für die Forst=, Land= und Volkswirthschaft nachtheilig.

Direkten Schaden verursacht das Oedland durch Versandung von angrenzendem Kulturland, von Wohnstätten, Kommunicationen 2c. Besonders gefährlich sind die Dünen. Diese gefährdeten seit dem vorigen Jahrhundert den Danziger Hafenplatz (Putziger Wyk), rückten als Sturzdünen an der west= und ost=preußischen Küste jähr= lich 15—30 m vor und begruben fruchtbares Land, hunderte Hektare Wald[1]) und selbst ganze Dörfer[2]). Die Dünen der Oberförsterei Schmolsin[3]) wandern alljährlich ca. 8—16 m weiter und haben seit etwa 50 Jahren (1842—1892) ca. 2000 ha Land und den Dolgensee zum größten Theil verschüttet. Aehnlich wie die Versandung wirken die Mullwehen, indem sie durch Ueber= fluthen von landwirthschaftlichem Gelände dieses ertraglos machen.

Das Klima wird durch Oedland stets verschlechtert; Tem= peraturextreme (in der Eifel im Sommer 20^0 C. Differenz inner=

---

[1]) In den Jahren 1804—1827 verschüttete eine fortschreitende Düne in der Nehrung 350 ha Kiefernhochwald.

[2]) Das reiche Kirchdorf Schmergrube im Gebiet der frischen Nehrung bestand 1824 noch; seitdem ist es spurlos verschwunden, ebenso Kunzen und Lattenwalde auf der kurischen Nehrung. Die Dörfer Abserbo (sammt dem Kloster), Thonep, Tibirke auf der dänischen Insel Seeland ver= schwanden unter den Sandfluthen.

[3]) Lehnpfuhl: Dünenwanderung und Dünenwald (M. f. H., II., 1892, S. 53).

halb 24 Stunden), große Hitze und Kälte, Fröste, häufige und heftige Stürme, wenig Regen und viel Wind (in den russischen und ungarischen Steppen), andererseits Nebelbildung, Gewitter, Schnee= und Eismassen (im Gebirgsödland) treten in hohem Maße schädigend auf.

Mit dem Klima sind aber die sanitären und Bewohnbarkeits= verhältnisse einer Gegend eng verknüpft. Oedland wirkt demnach ungünstig auf diese ein und erzeugt Krankheiten. Die Sümpfe Italiens rufen die Malaria hervor, welche jährlich viele Opfer an Menschenleben und Geld fordert. Im Jahre 1879 [1]) betrugen die an die Beamten der italienischen Südbahn (2600 km lang, darunter 1625 km dem Sumpffieber ausgesetzt) bezahlten Unterstützungen und Beträge für Medizinen rund 873 000 Fr. Rechnet man die durch die Vertretung dieser Beamten nöthigen Mehrausgaben dazu, so raubt die durch das Oedland hervorgerufene Malaria dem Staatsvermögen jähr= lich etwa 1½ Millionen Fr. In den westrussischen Sümpfen herrscht die berüchtigte Haarkrankheit (plica polonica) und selbst in deutschen Landen ist Oedland Ursache von Krankheit geworden: so die durch Versumpfung — aus Bergstürzen entstanden — häufig auftretenden Fieberepidemien in Tirol, des Typhus in der Rhön [2]) (Franken= heim, Winter 1875/76) u. s. w. Das Auftreten von Epidemien vergrößert die Mortalität der Bevölkerung; mithin ist es auch wieder das Oedland, welches die Sterblichkeitsprozente erhöht.

Die durch die mittelasiatischen Wüsten hervorgerufene Aenderung der climatischen Verhältnisse des östlichen Europas hat an Stelle blühen= der Kolonien in den einst fruchtbaren Steppenländern zwischen Wolga und Ural eine Sandwüste geschaffen, welche den dortigen Haupt= strom Amur Darja allmählig zum Sumpf umwandelt. Als Folge ist eine Vergrößerung der Verödungsgefahr zu befürchten; schon droht die Versumpfung bzw. Versandung der Wolga,

---

[1]) Perona, Vittorio: Wiederbewaldung. — Enkalyptus=Kultur (Allg. Forst= u. Jagdztg. 1881, S. 201).
[2]) Saalborn: Die Aufforstung der Oedländereien (F. Bl. N. F. 1877, S. 329).

Europas größtem Strom. Den europäischen Ländern, vor allem
dem in erster Linie betroffenen Deutschland, kann und darf es
nicht gleichgiltig sein, eine Wüste zwischen sich und Asien entstehen
zu sehen.

Wie sehr Oedland die Bewohnbarkeit, und damit die Be=
völkerungsziffer, beeinflußt, kann man an folgenden Beispielen
sehen. Im Vogelsberg[1]) sank die Bevölkerungsziffer 1840—1861
um 20% in Folge der durch Oedland bewirkten Auswanderung.
Ähnlich verhält es sich im Departement Basses Alpes[2]), wo
eine Abnahme der Bevölkerung seit 1846 um 13% (im Arron=
dissement Barcelonette um 19,5%) konstatirt wurde.

Wie aber einerseits das besonders durch Aufgeben des Ackerbaues
entstandene Oedland die Auswanderung, mit allen ihren Nach=
theilen für die Privat= und Volkswirthschaft, hervorruft, so bietet
andererseits wieder gerade die Kultur von Oedland die Mittel, die Aus=
wanderung einzudämmen. Es ist dies aber nach Gegenden sehr ver=
schieden. Die Nachtheile der Auswanderung für die Privatwirthschaft
sind zunächst der Arbeitermangel, welcher unter Anderem zur Um=
wandlung eines intensiven in extensiven Betrieb zwingen kann,
dann Verringerung des Verbrauchs land= und forstwirthschaftlicher
Produkte, damit Konkurrenz durch solche ausländischer Provenienz rc.
Die Volkswirthschaft aber erleidet doppelten Schaden, indirekt durch
die Verluste der Privatwirthschaft, direkt durch das Verlieren an
Kapital, sowohl Geld (Besitz) als auch Arbeitskraft. Nach
Schätzungen beträgt die ins Ausland mitgenommene Habe der
Auswanderer 450 ℳ und der Werth der Arbeitskraft stellt sich
auf 1 500 ℳ. Deutschland verlor durch Auswanderung in den
Jahren 1866—1878[3]) rund 2 Milliarden ℳ. Es sind in der
Regel die besten Arbeitskräfte in den besten Jahren, welche aus=

---

[1]) Weber a. a. O., S. 8.

[2]) Naesfeldt, Freiherr von: Eine forstliche Reise im südöstlichen
Frankreich (Forstw. Ctbl. 1884, S. 176).

[3]) Ueber die Auswanderung forst= und landwirthschaftlicher Arbeiter
(Allg. Forst= u. Jagdztg. 1880, S. 405).

wandern (von 100 000 Einwohnern desselben Alters und Geschlechts sind 222 Auswanderer 20—30 Jahre alt, gegenüber dem Durch= schnitt der 0--70 Jahre alten von 95), wodurch die Erhaltungs= last für die zurückbleibenden vermehrt wird.   Wenn auch nicht die ganze Summe des Schadens durch Auswanderung dem Oedland zur Last geschrieben werden darf, da hierbei die verschiedenartigsten Gründe zusammenwirken, so liegt doch immer darin ein indirekt schädigender Einfluß auf das Volksvermögen, als das Oedland nicht so benutzt wird, wie es der Fall sein könnte, um das Volks= vermögen nicht nur nicht zu verringern, sondern zu vergrößern. Wir meinen besonders, daß das Oedland für die Auswanderung dann verantwortlich zu machen ist, wenn es nicht zur Ermög= lichung von Pachtungen und dem Erwerb kleiner Grundstücke herangezogen wird, wo es eben angängig ist, und gerade die sonstige Unmöglichkeit, sich diesbezüglich Befriedigung zu verschaffen, die Bewohner zur Auswanderung treibt.

Das meist aus Entwaldung hervorgegangene Gebirgsödland verursacht zwar nicht die furchtbaren Verheerungen durch Wasser= fluten, begünstigt sie aber und vermehrt entschieden die Ueber= schwemmungsgefahr. Das Abbathal[1]), welches vom Comosee bis zum Stilsser Joch reicht, war im Anfange dieses Jahrhunderts noch bestockt und wurde erst nach Anlage der Hauptstraße durch Napoleon (vollendet 1820) entwaldet. Nach den von Volta 1792 begonnenen und vom Ingenieur Lom= bardini bis 1863 fortgesetzten hydrometrischen Beobachtungen der Adda bei Como wurden die Intervalle zwischen zwei Ueber= schwemmungen immer kürzer d. h. diese immer häufiger u. zw. betrug der Durchschnitt des Intervalls zwischen zwei Ueber= schwemmungen:

58 Monate in den Jahren 1792—1821 (vor der Entwaldung)
44   „   „   „   „   1821—1838 (Beginn der Entwaldung)
20   „   „   „   „   1839—1863 (Vollendung der Ent=
                                                    waldung).

---

[1]) Perona: a. a. O., S. 203.

Eine große Ueberschwemmung erfolgte mithin zuletzt beinahe alle zwei Jahre. Aber auch die Wasserhöhe und damit eine größere Gefährdung an Verlust von Leben und Besitz sind gestiegen. Im Jahre 1812 war die Wasserhöhe des Po bei Ostiglia 7,50 m und 1872 bereits 8,56 m, demnach über 1 m höher. Jährlich werden von diesem Fluß über 40 Millionen cbm fruchtbare Erde entführt und an der Mündung ins Meer abgelagert, wodurch z. B. Goro in der Zeit von etwa 75 Jahren von 6,5 auf 12 km vom Meere entfernt wurde. Welchen enormen Schaden die ent= fesselten Wildbäche und durch Regengüsse angeschwollenen Flüsse und Ströme auch noch in allerjüngster Zeit anrichteten, ist nur zu bekannt. Menschen und Thiere, Häuser, ganze Dörfer, Bade= orte und Städte (Szegedin durch die Theiß), Brücken, Mobiliar, industrielle Werke und Kommunikationen ꝛc. alles fiel den Fluten zum Opfer. Besonders litten die österreichischen [1]), französischen und italienischen Alpenländer im Jahre 1882 durch Ueber= schwemmungskatastrophen, welche aber, wie bereits erwähnt, nicht allein dem entwaldeten Gebirgsödland zuzuschreiben sind.

Wie Gebirgsödland keinen Schutz gegen Wasserverheerung bietet, ebenso ist auch das unbewaldete Oedland der Meeresküste außer Stande, Schutz gegen Verringerung des Festlandes durch Sturmfluthen zu bieten und durch diesen Schutzmangel wird aber das Küstenland oft schwer heimgesucht. Im Jahre 1892 verur= sachten die Sturmfluthen der Ostsee [2]) an den preußischen und schles= wig=holsteinischen Küsten einen Schaden von 3½ Millionen Thaler.

So ungünstig sich Oedland an und für sich gegen Wasser= schäden verhält, d. h. also diese begünstigt, ebenso ist dies gegen Feuersgefahr der Fall. Haideödland bildet eine ständige Feuers= gefahr für Stadt und Land, für Wald und Feld. Auch Moore wirken mitunter ähnlich durch Selbstentzündung oder bei der Be= nutzung durch Brandfruchtbau.

---

[1]) In Tirol betrug der im September und Oktober 1882 angerichtete Hochwasserschaden allein über 20⅓ Millionen Gulden ö. W.

[2]) Die Bedeutung der Waldungen für die Seeküsten (J. Bl. N. F. 1873, S. 60).

Am 24. August 1857[1]) brannten durch Funkenflug der Lokomotive in der Haide bei Celle ca. 625 ha Kiefern im Werthe von 450—600000 ℳ ab; die Haide war der eigentliche Brandheerd. Diese gefährliche Disposition der Haide zum Brand wurde schon frühzeitig erkannt. Schwere Strafen (selbst an Leib und Leben) verhängten in Hannover[2]) die Forstordnung a. b. J. 1665, 1687, 1713 und 1768 für absichtliche und unabsichtliche Brandstiftung. Eine neuere Verordnung datirt vom 20. Juli 1824. Die gewöhnlichen Entstehungsursachen der Brände sind Tabakrauchen, Kochfeuer, Vaganten, seit dem Bahnverkehr die Lokomotiven und das Haidebrennen (Verbesserung der Weide). An den Bahnlinien zeigen weiß gestrichene Telegraphenstangen die gefährlichen Stellen an, wo auf den Lokomotiven nicht nachgeheizt werden darf. Am 10. April 1892[3]) brannten im Klosterrevier Niebeck innerhalb 6 Stunden ca. 447,5 ha durchschnittlich 17jährige Nadelhölzer ab. Das Feuer kam aus der Haide und entstand ebenfalls durch die Lokomotive.

Gebirgsödland verursacht **Bergstürze, Vermuhrung der Aecker und Wiesen, Verschotterung** und **Verlegung der Wasserläufe**, und dadurch häufig **Sumpfbildung** mit allen Nachtheilen, **Zerstörung der Wohnstätten** ꝛc. Es zwingt auch, durch Aenderung der klimatischen Verhältnisse oft zur **Aenderung der landwirthschaftlichen Kultur**[4]).

In **Thüringen** wurde einst am Fuße der Hörselberge Wein gebaut. Seit diese verödet sind, ist vom Weinbau nichts mehr geblieben, als einige darauf Bezug habende Namen von Örtlichkeiten.

Dadurch, daß das Oedland keiner oder einer unrentabeln Benutzung unterliegt, ist es einer rationellen land= und forstwirthschaftlichen Kultur entzogen und entgeht so diesen beiden Zweigen der Bodenproduktion eine bedeutende Fläche, welche rationell nutzbar gemacht werden könnte. In weiterer Folge

---

[1]) Burckhardt: Waldbrand im Hannöverschen (Monatsschr. f. d. Forst= u. Jagdw. 1857, S. 421).

[2]) Gerding: Ueber Haide=, Moor= und Waldbrände in der Lüneburger Haide (F. Bl. N. F. 1886, S. 241).

[3]) Deckert: Der große Waldbrand am 10. April 1892 in dem Klosterreviere Niebeck (Ztschr. f. Forst= u. Jagdw. XXIV. Jahrg. 1892, S. 634).

[4]) Den Einfluß des ehemaligen Eifelödlands verspürte man bis auf 5—6 Meilen in der Runde.

erleidet naturgemäß das Volksvermögen Verlust, indem
diesem die möglichen Erträge des Oedlands direkt oder indirekt
(Steuerkraft) entgehen. Die mehr als 200 □ Meilen große
Karstwüste könnte 1¼ Millionen fleißiger Menschen ernähren,
wodurch die Steuerkraft des Landes sehr gehoben werden würde.
Statt dessen bedarf das Land heute Staatszuschuß, da es seine
Bedürfnisse aus eigenen Mitteln nicht zu decken vermag. Dadurch
werden aber wieder andere Bevölkerungstheile in Mitleidenschaft
gezogen. Wohlhabenheit des Volkes ist aber eine der Grundbe=
dingungen seiner Freiheit. Welche hervorragend wichtige Rolle das
Oedland, bzw. dessen Kultur, aus volkswirthschaftlichen Rücksichten
hierbei zu spielen hat, ist leicht zu ermessen. Wie nachtheilig das
Oedland in seinen Einwirkungen Handel und Verkehr beeinflußt,
wurde schon erwähnt. Wir wollen nur ein concretes Beispiel an=
führen; es ist der Karst. Er schädigt nicht nur Triest als Handels=
und Kriegshafen, er ist auch ein Verkehrshemmniß zu Lande. In=
folge seiner stellenweise häufig gefährlichen Beschaffenheit macht er
kostspielige Sicherheitsbauten (für die Bahn) nöthig und bei seiner
Kahlheit entstehen nur zu leicht Schneeverwehungen, welche Still=
stand des Verkehrs erzwingen und dadurch einen Schaden verursachen,
der ziffermäßig kaum auszudrücken, jedenfalls aber bedeutend ist.
Die dermalige Benutzung des Oedlands bedingt Arbeitskräftezer=
splitterung, und diese übt wieder einen ungünstigen Einfluß auf
die sozialen Verhältnisse aus. Im Sommer viel Arbeit, im Winter
Müßiggang, daher sieht es mit der Moral in Oedlandsgegenden
nicht zum besten aus. Trunksucht und der geringe Arbeitsverdienst
führen zum Creditnehmen, welches wieder dem Wucher die
Wege ebnet.

Ganz bestimmte schädliche Einwirkungen auf die Landes=
kultur sind aber außerdem durch die Benutzung gewisser Arten
von Oedland hervorgerufen oder sie werden wenigstens be=
hauptet. Vorzugsweise ist dies bei der Moorbrandkultur der Fall.
Der hierbei entstehende Moorrauch soll der Landwirthschaft
durch Erzeugung von Frösten schaden, wodurch die Fruktifikations=
organe leiden und die Ernte in Frage gestellt werden kann; er soll

4

Dürre erzeugen, Gewitter vertreiben, die Windrichtung ändern
und der Gesundheit nachtheilig sein. Diese Behauptungen sind
durch nichts bewiesen. Im Gegentheil; nach den Untersuchungen
Prestel's (Emden) sollen gerade die Jahre mit viel Moorrauch
die ertragreichsten, und auch gewitter= und niederschlagsreicher
sein, als die Jahre mit wenig Moorrauch. Sicher ist zwar, daß
der Moorrauch die Sonne verfinstert und unangenehm ist, wodurch
er vielleicht schwachbrüstigen Menschen nachtheilig wird, welcher
Nachtheil wohl bei Badeorten in Frage kommen könnte. Sonst ist
er aber der Gesundheit keineswegs schädlich, wie die Rekruten
aus den Moorkolonien, lauter kräftige gesunde Leute, beweisen.
Wegen des unangenehmen Geruchs des Moorrauchs allein aber
die Brandkultur sogleich aufzugeben, wie es der Verein gegen
Moorbrennen verlangt, ist nicht möglich, da diese vorläufig noch
für weite Strecken die einzig mögliche Benutzungsart bildet und
die Frage zunächst gelöst werden müßte, was mit den armen Moor=
bewohnern geschehen soll, wenn man ihnen den Lebensunterhalt
entzieht?

Wie groß der Schaden ist, welcher durch die Weidebe=
nutzung des Gebirgsödlands entsteht, einerseits dadurch, daß
die freiwillige Arbeit der Natur, das Oedland wieder zu Wald zu
machen, überhaupt gehindert wird, andererseits durch die von den
Weidethieren verübten Zuwachsverluste an der sich ansiedelnden
jungen Bewaldung und sonstigen Beschädigungen an Boden und
Pflanzenwuchs, ist kaum zu ermessen, zweifellos aber bedeutend.
Auf der Triester Ausstellung [1] im Jahre 1871 waren zur Illu=
strirung des durch Ziegenweide im Karstgebiet verursachten Schadens
unter Anderem zwei Abschnitte ausgestellt, welche von je einer
36 jährigen Tanne stammten, von denen die eine einen Durch=
messer von 26 mm aufwies, die andere 263 mm, also zehnmal
mehr. Erstere war von Ziegen fortwährend verbissen worden, —
die Jahresringe konnten nur unter der Loupe erkannt werden —
letztere vom Weidevieh verschont geblieben. Der Karst erzeugte

---

[1] Bericht aus Oesterreich. (Allg. Forst= u. Jagdztg. 1872, S. 244).

Tannen mit 1,5 m Durchmesser im 200—300 jährigen Alter.
Wir bemerken nur beispielsweise noch, daß aus Italien jährlich
3000 Ziegen nach Kärnten[1]) auf die Gebirgs= das heißt Gebirgs=
ödlandsweide getrieben werden; was da verwüstet wird, kann man
sich unschwer vorstellen.

Wenn wir hiernach, alles Geschilderte überblickend, erklären,
daß Oedland für Forst=, Land= und Volkswirthschaft
schädlich sei, so glauben wir mit dieser Behauptung nicht Un=
recht zu haben.

6. Vorbeugungsmaßregeln gegen das Entstehen von Oedland.

Im Vorhergehenden haben wir gesehen, daß das Oedland
nach jeder Richtung hin ungünstig wirkt. Es liegt daher die
Frage nahe, wie dem Entstehen von neuem Oedland vorzu=
beugen wäre? Die Beantwortung dieser Frage im Allgemeinen
fällt, da die Ursachen der Oedlandsentstehung bekannt sind, nicht
schwer. Das Inswerksetzen der vorbeugenden Maßregeln selbst
hat aber allerdings seine mitunter kaum zu überwindenden
Schwierigkeiten.

Das meiste Oedland hat als gemeinsame Entstehungsursache
bekanntlich die Waldverwüstung. Die erste, wichtigste und
Hauptvorbeugungsmaßregel ist demnach die Erhaltung und pfleg=
liche Benutzung der Wälder. Alle wirthschaftlichen und forst=
polizeilichen Maßnahmen, welche sich hierauf beziehen, sind zugleich
als Vorbeugungsmaßregeln gegen das Entstehen von Oedland zu
bezeichnen. Hand in Hand mit der Vorbeugung geht aber immer
die Abstellung und lassen sich die betreffenden Maßregeln oft
nicht von einander trennen, indem sie, ineinander übergehend, sich
gegenseitig ergänzen, d. h. es ist häufig eine Vorbeugung ohne
Abstellung nicht möglich (z. B. beim Gebirgsödland). Es würde

---

[1]) Von den italienischen Grenzalpen (Ctbl. f. d. g. Forstw. 1889, S. 45).

hier zu weit führen, wollten wir alle gegen die Waldverwüstung gerichteten privat= und staatswirthschaftlichen Maßnahmen anführen. Dieselben bilden einen integrirenden Bestandtheil des privaten und staatlichen Forstschutzes. Gleichwohl können sie nicht ganz übergangen, sondern müssen wenigstens in der Hauptsache be= zeichnet werden.

Die gefährlichste Form der Waldvernichtung ist wohl die Waldrodung d. h. die Benutzung des Waldbodens zu anderen als forstwirthschaftlichen, ausgenommen Weide=Zwecken. Bei der Weide genügt schon die bloße Vernichtung des Holzbestands. Die Gefahr der Waldrodung spricht sich am deutlichsten und fühl= barsten in den Schutzwäldern (welcher Kategorie immer) aus und verbieten daher fast alle Forstgesetze die eigenmächtige Wald= rodung im Allgemeinen (z. B. Oesterreichisches Forstgesetz § 2, Code forestier, § 20, Italienisches Waldschutzgesetz, § 4) und besonders die Rodung der als Schutzwald[1]) geltenden Holzungen und Holzanpflanzungen. Aber auch eine derartige Behandlung, wodurch der Bestand eines Schutzwalds, und somit dessen Zweck, Schutz gegen Bergstürze, Abschwemmung, Versandung 2c. zu ge= währen und die Entstehung von Oedland zu verhindern, gefährdet wird, eine Behandlung, die als „Waldabschwendung" (oder Walddevastation) bezeichnet wird, ist in den Forstgesetzen ver= boten.

Die Regierungen hatten schon frühzeitig, besonders im Ge= birge, die Wichtigkeit der Wälder als Schutz gegen Elementar= ereignisse erkannt und die diesbezüglichen Gebote erlassen. Leider fehlte es aber häufig an der strengen Durchführung. Die ältesten Urkunden hierüber sind wohl ein Tiroler Weisthum[2]) aus dem 15. Jahrhundert, welches die Holzfällung in bestimmten Wald=

---

[1]) Der § 4 des ungarischen Forstgesetzes verbietet Rodung der Flug= sandwälder bei Strafe von 100—400 fl. ö. W. pro Joch (0,57 ha) und verfügt unbedingte Erhaltung derselben.

[2]) Oesterreichische Weisthümer, III. S. 26.

distrikten untersagt, ferner die venetianischen Waldordnungen[1]) vom 4. Dezember 1452 und vom 4. Januar 1475, welche die Waldrodung am Karste bei einer Strafe von 100 Dukaten und 6 Monaten Kerker verbieten, sowie die venetianischen Verbote des Holzschlags am Karst ohne Bewilligung vom 7. Januar und 20. Dezember 1467 und 31. März 1487. Die österreichische Waldordnung Kaiser Karl's VI. aus dem Jahre 1732 verbot bei Todsstrafe das Anzünden der Wälder.

Die Zerstörung des Holzbestands ist es aber nicht allein, welche Oedland erzeugt, sondern auch die mißbräuchliche Ausübung der Waldnebennutzungen, von denen die Weide wohl insofern die nachtheiligste ist, als sie die natürliche Wiedererzeugung des Waldes am wirksamsten verhindert. Auch hier sind es die Schutzwälder, für welche die Weidefrage die brennendste ist. Das Verbot des Viehtriebs in die Wälder ist in sehr vielen Verordnungen enthalten, u. zw. werden mit Recht vorzugsweise die Ziegen aus dem Walde verbannt. Das älteste Verbot des Ziegeneintriebs[2]) dürfte wohl im Statut der Stadt Triest aus dem Jahre 1150 enthalten sein. Der Vieheintrieb in die Karstwaldungen wurde in Folge zunehmender Verwüstung verboten in der Verordnung des Kaisers Friedrich III. vom 13. März 1490, dann in der österreichischen Waldordnung des Kaisers Ferdinand I. vom 28. September 1522 (Ziegenweide), ferner im Forstgesetz Maria Theresia's vom 23. November 1771. Die sofortige Tötung der im Karstwalde angetroffenen Ziegen ordneten die Verordnungen vom 30. Mai 1754 und 29. September 1760 an. Auch in den neueren Forstgesetzen finden sich bezügliche Anordnungen vor. In der Ebene sind es besonders die Waldungen

---

[1]) Guttenberg, Hermann, R. v.: Die forstlichen Verhältnisse des Karstes. Triest 1882. — Pjetschka, F.: Der Karst, seine Entstehung, Wirkung und Wiederkultur (Forstw. Ctbl. 1889, S. 553). — Guttenberg Hermann, R. v. in der Denkschrift redigirt von Dimitz: „Oesterreichs Forstwesen 1848—1888", Wien 1890. — Die Wiederbewaldung des Karstes, S. 189.

[2]) Guttenberg, a. a. O. S. 191.

auf Flugsand und solche Oertlichkeiten selbst, auf denen mit Recht
das Verbot der Viehweide und des Viehtriebs ruht. (Polizeiver=
ordnung der Landdrostei Hannover vom 6. Januar 1882, der
Dünenparagraph 366a. des Deutschen Reichsstrafgesetzbuchs 2c.
Sehr scharf waren die bezüglichen Bestimmungen in früherer Zeit.
Im Emsland[1]) z. B. stand nach dem Edict des Kurfürsten
Maximilian Friedrich vom 14. Dezember 1772 auf Be=
schädigung der Holzpflanzen und Viehtrieb auf gedämpftem Land
Zuchthaus nicht unter 4 Jahren. Im alten Kirchenstaate[2])
bestanden sehr strenge forstpolizeiliche Maßregeln gegen die Ent=
waldung aus hygienischen Gründen, welche aber in den betreffenden
Oertlichkeiten eher schädlich als nützlich waren. Als Urheber wird
Lancisi, der Leibarzt des Papstes Clemens XI., durch seine
Schrift vom Jahre 1717 genannt; der Ueberwachungsbehörde
„sacra consulta" waren hierfür eigens Aerzte zugetheilt.

Eine hervorragend staatswirthschaftliche Aufgabe zur Ver=
hinderung des Entstehens von Oedland ist die unschädliche Ab=
leitung der Gebirgswässer. Die Wildbachverbauung mit gleich=
zeitiger Aufforstung des Sammel= oder Einzugsgebiets ist aber
zugleich auch eine Abtheilungsmaßregel. Hier wäre nur die
diesbezügliche staatliche Gesetzgebung anzuführen, da diese die
Grundlage für die Vornahme der Arbeiten bildet. Derartige
Gesetze sind: das französische vom 28. Juli 1860, erneuert
1871 und vom 8. Juni 1864, erneuert am 4. April 1882, sowie
das österreichische vom 30. Juni 1884, Reichs=Gesetz=Blatt
Nr. 116. Beide sind ziemlich übereinstimmend, nur geht das
österreichische weiter als das französische, weil es auch bauliche
Maßregeln einbezieht, dagegen die Bewirthschaftung der Gebirgs=
böden nur als Bestandtheil des Verbauungssystems betrachtet.
Das italienische hierher gehörige Gesetz datirt vom 1. März

---

[1]) Burckhardt: Wald, Moor und Wild im Emslande (A. d. W.
VI. Heft, 1875, S. 1 hier 23).

[2]) Perona, B.: Ueber den Einfluß der Wälder auf die Malaria im
Agro romano (Allg. Forst= u. Jagdztg. 1885, S. 47).

1888, dasjenige der Schweiz ist das Bundesgesetz vom 24. März 1876.

Alle Maßnahmen, welche die Aufforstung fördern, sowie diese selbst, beugen dem Entstehen bzw. weiteren Umsichgreifen von Oedland vor. Hier wären zu nennen: Vertheilung von Geldprämien, Verleihung von Medaillen, Staatsfubventionen, Steuerbefreiungen, gutes Beispiel in der Bewirthschaftung der Staats-, standesherrlichen und Korporations-Waldungen, Erlaß guter Forstgesetze und getreue Handhabung derselben. Zu den Maß= regeln kulturpolitischer Art gehört Belehrung des Volkes über die Bedeutungen der Waldungen im Natur= und Volkshaushalt und die durch deren Verschwinden oder schlechte Bewirthschaftung drohenden Gefahren. Diese Belehrung muß schon in der Volks= schule stattfinden, später durch Wanderlehrer, populäre Preis= schriften und die Tagesblätter. In den Volksschulgärten der Gebirgs=Ortschaften empfiehlt sich die Anlage von Saatbeeten (ähnlich in Nordamerika), um dem zukünftigen Bauer neben der Kenntnis der forstlichen Behandlung der Kulturpflanzen zugleich die Anfangsgründe der Aufforstung mit der Liebe zum Walde beizubringen. Auch die in Amerika und neuerdings in Spanien eingeführten „Baumtage“ der Schulen, d. h. Tage, an welchen die Jugend hinaus zieht und jeder Schüler eine oder mehrere Pflanzen setzen muß, sind sehr zu empfehlen.

7. Die Kultur des Oedlands.

Die Kultur des Oedlands ist eine der wichtigsten Fragen unserer Zeit, indem es dadurch ermöglicht wird, den Strom der Auswanderung zu hemmen, dem Heimatlande Kapital und Kräfte zu erhalten und fleißigen Arbeitern die Mittel ihres Unterhalts zu schaffen. „Das Vaterland hat noch Raum und Brot für fleißige Hände, und um häuslichen Wohlstand zu gründen braucht das Feld der Arbeit nicht erst jenseits des Oceans gesucht zu werden“ (Burckhardt). Wenn Oedland der Kultur erschlossen oder zurück=

gegeben wird, ist es beinahe der Eroberung eines Landes, jedoch
auf friedlichem Wege mit den Waffen des Pfluges und der Kultur=
hacke, gleich zu achten. Forst= und Landwirthschaft sind die
beiden Betriebe, welche sich des Oedlands behufs seiner Nutzbar=
machung vorzugsweise anzunehmen haben. Welcher von beiden
das Kulturfeld einzuräumen ist, hängt im großen Ganzen von der
Beschaffenheit des Oedlands ab. Wir werden nicht fehl gehen,
wenn wir nach dem heutigen Stande der Dinge, der Forstkultur
das Haide=, Sand= und Gebirgsödland zuweisen, die Moore jedoch,
mit wenigen Ausnahmen, der Landwirthschaft vorbehalten.

Von untergeordneter Bedeutung sind noch die Rohrkultur
auf Sumpf= bzw. Wasserödland und die Futterlaubwirth=
schaft. Letztere könnte übrigens auch als Zweig der Landwirth=
schaft (im weiteren Sinne) angesehen werden.

I. Die forstliche Kultur.

Zweifellos ist es derzeit die Forstwirthschaft, welche
mit ihren Kulturbestrebungen bezüglich des Oedlands in den
Vordergrund tritt, also die Aufforstung. Es erscheint daher
angemessen, eine kurze geschichtliche Darstellung über die Kultur=
bestrebungen zu geben, wobei sogleich hervorgehoben werden soll,
daß es die deutsche Forstwirthschaft war, welche zuerst die
Aufforstung von Oedland in den Kreis ihrer Thätigkeit gezogen hat.

A. Geschichte der Kulturbestrebungen.

Die ausgedehnten Haideländereien forderten schon früh=
zeitig zur Kultur auf. Bereits die ersten Forstordnungen
beschäftigen sich mit Aufforstung von derartigem Oedland, am aus=
führlichsten die zweite Gräflich Hohenlohe'sche Forst=
ordnung von 1579[1]) (vielleicht auch schon die bisher leider
noch nicht aufgefundene erste von 1551). Diese verlangte zweck=

---

[1]) Fischbach, Dr. Carl v.: Hintertriebene Haideaufforstung aus dem
vorigen Jahrhundert. (Zschr. f. Forst= u. Jagdw. XXVII. Jahrg. 1895,
S. 178).

mäßigerweise nach den Vorschriften Noe Meurer's von den
Unterthanen die Aufforstung der in deren Besitze befindlichen Oed=
flächen zu etwa $\frac{1}{4}$ oder $\frac{1}{3}$, „soviel deren die Unterthanen ent=
beren mögen"[1]) und nicht, wie es die meisten anderen Regierungen
forderten, diejenige sämmtlicher Oedungen. Hervorgerufen wurden
allerdings diese Anordnungen nicht aus kulturellen Gründen,
sondern sie entsprangen der Furcht vor Holzmangel. Die Haide=
aufforstung war und ist es noch heute, wenigstens in Deutschland,
welche den Mittelpunkt des Interesses an Oedlandsaufforstung
überhaupt bildet. Reichlichere Nachrichten hierüber finden sich schon
aus dem vorigen Jahrhundert, aber erst in diesem Jahrhundert,
seit den 1870er Jahren, hat die Aufforstung von Haideödland
in Deutschland einen ganz gewaltigen Aufschwung genommen.

In Preußen ließ es sich König Friedrich der Große
angelegen sein, Oedland aufzuforsten; davon geben die heutigen
Bestände der Tuchler Haide Zeugniß.

Zu derselben Zeit war die Fürstbischöfliche Regierung zu
Münster[2]) (jetzt zum Großherzogthum Oldenburg gehörig) eifrig
bestrebt gewesen, einen Theil der ausgedehnten Haideländereien
des sog. „Niederstiftes" zu bewalden, und vertheilte zu
diesem Zwecke unentgeltlich Kiefernsamen an die Bauern, welche
diesen aussäen mußten. Allerdings war der Erfolg dieser Maß=
regel ein negativer, denn die renitenten Bauern, welche keinen
Wald wollten, brachten den Samen zuerst in siedendes Wasser,
wodurch natürlich die Keimkraft verloren ging.

Aus der Lüneburger Haide sind ebenfalls aus dem
vorigen Jahrhundert Haideaufforstungen bekannt geworden. So
stammen einige Forstorte der heutigen Oberförsterei Sellhorn[3])
aus dem Jahre 1745, worüber das seit 1. Mai 1738 geführte
„Amt Harburgische Forst=Register" in einer Art Bestands=

---

[1]) Meurer, Noe, Dr. jur.: Jagd= und Forstrecht, Frankfurt a. Main
1561, S. 5.

[2]) Fischbach a. a. O.

[3]) Hilsenberg: Haidekulturen vom vorigen Jahrhundert. (F. Bl.
N. F. 1884, S. 65.)

geschichtle Aufschluß gibt. Erst im Laufe dieses Jahrhunderts, nach den Kriegen von 1866, in welchen Schleswig-Holstein und Hannover an Preußen fiel, und 1870/71, welcher viel Geld ins Land brachte, nahmen die Kulturbestrebungen rücksichtlich der Haide= aufforstung, namentlich seitens des Staates und der Provinzial= verwaltungen größere Ausdehnung an. Hannover, Schleswig= Holstein und Ost= und Westpreußen sind die Haupt= arbeitsfelder für Oedlandsaufforstung; die beiden erstgenannten vorzugsweise hinsichtlich Haide, letztere bezüglich armer Sand= ländereien, wenn auch nicht überall Flugsand.

In Schleswig-Holstein, wo vor 1866 seitens der dänischen Regierung merkwürdigerweise für Oedlandsaufforstung fast nichts geschah, während im übrigen Lande (Jütland) das Kulturwerk energisch in Angriff genommen worden war, wurde unter preußischer Regierung, sowohl von Staatswegen, als auch von der Provinzialverwaltung, sowie den Privaten, höchst aner= kennenswerthes geleistet. Der Staat kaufte und tauschte in den Jahren 1876—1892[1]) behufs Aufforstung etwa 6358 ha Oedland mit einem Kostenaufwand von ca. 158,50 $\mathcal{M}$ pro ha im Durch= schnitt ein. Er gab pro Jahr über 59 000 $\mathcal{M}$ behufs Grund= ankauf und Tausch aus. In derselben Zeit wurden etwa 8 000 ha oder jährlich im Durchschnitt ca. 470 ha aufgeforstet. Seitens der Provinzialverwaltung unter dem Forstdirektor, früheren preußischen Oberförster Emeis an der Spitze — welche Stelle 1883 geschaffen wurde — gelangten in derselben Zeit etwa 920 ha zur Aufforstung. Die Kosten des Grunderwerbs beliefen sich auf 40—180 $\mathcal{M}$ pro ha. Aber auch die Privaten haben viel ge= leistet. Sie forsteten in der genannten Zeit etwa 3 950 ha Oed= land auf. Im Jahre 1892 belief sich sonach die bereits in forst= liche Kultur gebrachte Oedlandsfläche auf ca. 12 870 ha; es wurden im Durchschnitt pro Jahr 757 ha aufgeforstet. Durch diese Aufforstungen wurde es ermöglicht, daß in der Denk=

---

[1]) Hahn: Die Aufforstungen in Schleswig-Holstein (Ztschr. f. Forst= u. Jagdw., XXV. Jhg. 1893, S. 249).

schrift des preußischen Finanzministers vom 28. November 1875 angegebene Bewaldungsprozent Schleswig-Holsteins von 7,68% auf 8,90% zu heben, was während der angeführten 17 Jahre einer Steigerung um 10% entspricht. Sehr viel zu diesen Auf= forstungsbestrebungen trug der Haide=Kultur=Verein[1]) für Schleswig-Holstein bei. Dieser wurde am 20. Dezember 1871 zu Rendsburg anläßlich der in demselben Jahre zu Husum gelegent= lich einer Versammlung ausgesprochenen Anregung seitens der Direktion des landwirthschaftlichen Generalvereins gegründet. Die erste Thätigkeit des Vereins bestand in der Anlage von Baum= schulen, um billiges Pflanzenmaterial zu schaffen. Die jährliche Pflanzenabgabe beträgt im Durchschnitt 1,2 Millionen Nadelholz= und 300 000 Laubholzpflanzen, die so billig abgegeben wurden, daß kaum die Hälfte der Produktionskosten gedeckt werden. Der Verein vertheilt ferner Prämien für Preisschriften und gelungene Oedlandsaufforstungen. Er steht in Verbindung mit dem preußischen Ministerium für Landwirthschaft, Forsten und Domänen, von welchem er eine Jahressubvention bezieht. Seit April 1873 gibt der Verein Monatshefte heraus. Sein Bestand betrug nach der uns zuletzt bekannt gewordenen Mittheilung[2]) 2 100 Mitglieder, die Jahreseinnahme etwa 15 750 ℳ. Aus Provinzialmitteln gab Schleswig-Holstein 1883 für Oedlandsaufforstung die Summe von 39 000 ℳ aus.

Etwas später als wie in Schleswig, aber ebenso segensreich und nur noch viel umfangreicher, traten die Aufforstungsbestrebungen für Hannover[3]) und besonders diejenigen der Provinzialver= waltung ins Leben. Im Jahre 1876 erfolgte der erste Anstoß durch den damaligen Landesdirektor von Bennigsen, dessen

---

[1]) Der Haide=Kultur=Verein für Schleswig-Holstein (Ztschr. f. Forst= u. Jagdw., XIII. Jhg. 1881, S. 211).

[2]) von Alten: Der Haide=Kultur=Verein. (Ztschr. f. Forst= u. Jagdw., XV. Jhg. 1883, S. 695).

[3]) Quaet=Faslem: Die Aufforstungsbestrebungen der Hannover'schen Provinzialverwaltung (Ztschr. f. Forst= u. Jagdw., XXVIII. Jhg. 1896, S. 32).

Plan vom Provinzialverwaltungs = Ausschußmitgliede Freiherrn von Hammerstein=Loxten unterstützt wurde. Als forstliche Bei= räthe waren der in Haidekultur hocherfahrene Altmeister Burck= hardt und der jetzige Provinzialforstdirektor Quaet=Faslem zu= gezogen. Noch in demselben Jahre gründete der 10. hannoversche Provinziallandtag aus Mitteln des sog. Kreisordnungsfonds durch Bewilligung von 335 000 ℳ einen Aufforstungsfonds zum Ankaufe und Aufforsten von Haideländereien. Mit Zuschüssen aus dem Kreisordnungsfonds erreichte der Aufforstungsfonds im Jahre 1884 die Höhe von rund 1 802 700 ℳ; in demselben Jahre wurde ersterer aufgelöst. Eine äußerst wohlthätige Ein= richtung (unseres Wissens die erste) war die durch Beschluß des hannoverschen Provinziallandtags vom 14. Oktober 1877 erfolgte Gründung des Aufforstungs=Darlehensfonds. Der Zweck desselben besteht darin, Gemeinden und Privaten 2c. behufs Auf= forstungen von Oedland die Mittel hierzu in Form von Dar= lehen bis zur Höhe der baaren Aufforstungskosten zu gewähren. Das Statut wurde 1880 in der Weise modificirt, daß die Wald= genossenschaften die Forstkulturen unter Leitung des Landesforst= direktors auszuführen und bis zur Tilgung des Darlehens unter Aufsicht zu stehen haben. Sie zahlen 2%/₀ Zinsen (und unter Umständen weniger) und 2%/₀ Amortisation. Private erhalten unter der gleichen Verpflichtung und gegen Sicherstellung (welche bei den Waldgenossenschaften nicht gefordert wird) gegen 3% (auch 2%/₀) Zinsen und 2%/₀ Amortisation Darlehen. Dieser Fonds er= hielt bis 1884 aus dem Kreisordnungsfonds 600 000 ℳ zuge= wiesen. Die Zinsen des jeweiligen Restes fallen aber nicht diesem, sondern dem Aufforstungsfonds zu. Im Jahre 1887 mußte der Aufforstungsfonds dem neugegründeten Moorkulturfonds, welcher die Förderung der Kultur und Kolonisation auf dem Bourtanger Moor bezweckt, 400 000 ℳ abgeben, so daß im Jahre 1896 von den ursprünglich vorhandenen 1 802 700 ℳ zuzüglich 199 300 ℳ Zinsen des Darlehensfonds nach Abzug der genannten 400 000 ℳ und dem seit 1878 für Aufforstungszwecke ausgegebenen 978 000 ℳ immer noch 624 000 ℳ verfügbar blieben. Außer dem 1879 gekauften

kleinen (65 ha) Forstbesitz Weyer wurden vorstehende 978000 ℳ
zur Begründung des jetzt ca. 4 680 ha großen Provinzialforstes
Oerrel=Lintzel verwendet. Die Grundankaufskosten betrugen im
Durchschnitt pro ha etwa 174 ℳ. Aus dem Darlehensfonds
wurden 81 Petenten zur Aufforstung von ca. 6 570 ha im Durch=
schnitt pro ha je 100 ℳ Darlehen gewährt. Das zur Zeit von
der Provinzialverwaltung und von dieser subventionirt aufge=
forstete Oedland beträgt etwa 11 300 ha. Außerdem werden
Privaten für gelungene Haideaufforstungen Prämien von 20—30 ℳ
pro ha zuerkannt.

Der Ruf nach Waldvermehrung und die Heranziehung des
Oedlands zur Aufforstung blieb aber auch im übrigen Preußen
nicht ungehört. Schon in der Sitzung vom 19. Dezember 1871
des preußischen Abgeordnetenhauses wurde der Antrag gestellt und
mit großer Majorität angenommen, daß behufs Ankauf von
Grundstücken zur Aufforstung ins Ordinarium eine größere Summe
zu stellen sei, ferner wurde der Beschluß gefaßt, erforschen zu
lassen, welche Flächen im Landeskulturinteresse aufzuforsten, welche
Mittel hierzu zu ergreifen und welche Fonds der Staatsverwaltung
diesbezüglich zur Verfügung zu stellen seien. Einige Jahre später
(1877) stellte der Abgeordnete Bernhardt[1]) folgende mit erheb=
licher Majorität angenommenen Anträge: „die Königliche Staats=
regierung zu ersuchen, mit Rücksicht auf die unbestreitbar in vielen
Theilen der Monarchie hervortretende Nothwendigkeit, mit dem
Ankauf und der Aufforstung öder Ländereien und ganz extensiv
benutzter Weidegründe mit absolutem Waldboden im Interesse
der Landeskultur rascher als bisher vorzugehen, ferner statistische
Erhebungen über die vorhandenen Forstländereien, über die Ver=
änderungen des Waldareals und insbesondere über die im Landes=
kulturinteresse aufzuforstenden Grundstücke vornehmen zu lassen
und das betreffende statistische Material dem Landtage mitzutheilen.

[1]) Brief aus Preußen. Verhandlungen des Hauses der Abgeordneten
über den Antrag der Abgeordneten Bernhardt und Genossen, betr. die Auf=
forstung öder Ländereien (Allg. Forst= u. Jagdztg. 1877, S. 245, hier 277).

Bemerkenswerth ist die in derselben Sitzung, in welcher Bern=
hardts Anträge gestellt wurden, ausgesprochene Absicht, die zum
Oedlandsankauf benöthigten ca. 400 Millionen ℳ durch allmälige
Verkäufe der Staatsdomänen aufzubringen, eine Meinung, auf
deren Beleuchtung wir später zurückkommen werden. Der eine
Antrag Bernhardts ging seiner Erfüllung entgegen, indem schon
im Etat 1882 statt der bisherigen 1 050 000 ℳ für den Ankauf
und die Aufforstung von Oedland 2 Millionen verlangt und
bewilligt wurden. Der Wunsch nach einer Statistik verwirklichte
sich 1893, indem erst in diesem Jahre, auf neuerliche Anregung
des preußischen Landes=Oekonomie=Kollegiums vom November
1892, eine Statistik des Oedlands nebst seiner Aufforstungsbe=
dürftigkeit im Landeskulturinteresse aufgestellt wurde. Nach dieser
sind, wie schon früher erwähnt, etwa 592 000 ha aufforstungs=
bedürftiges Oedland vorhanden und von Staatswegen zu erwerben.

Wie der hannoverische Aufforstungs=Darlehensfonds könnten
zu gleichem Zwecke auch die Landeskultur=Rentenbanken
herangezogen werden, da diese laut § 1 des preußischen Gesetzes
vom 13. Mai 1879, betreffend die Errichtung von Landeskultur=
Rentenbanken, gegen Sicherstellung unkündbare, verzinsliche Amorti=
sationsdarlehen behufs Aufforstung gewähren können. Bisher wurden
aber diese Banken zu dem genannten Zwecke noch wenig benutzt.

Die Resultate der Aufforstungsbestrebungen
sprechen sich am deutlichsten in Ziffern aus. Der preußische
Staatswaldbesitz [1] erfuhr von 1867—1892 eine Vermehrung von
rund 134 600 ha mit einem Kostenaufwand von rund 22,5
Millionen ℳ (pro ha incl. Holz ca. 170 ℳ), worunter vor=
zugsweise Wald=Oedland inbegriffen ist. Im Jahre 1891 [2]

---

[1] Dr. Danckelmann: Wirthschaftliche und wirthschaftspolitische
Rückblicke aus landwirthschaftlichen, forstlichen und gewerblichen Kreisen auf
Forstwesen und Jagd des Jahres 1893 in Preußen (Ztschr. f. Forst= u.
Jagdw., XXVII. Jhg. 1895, S. 249).

[2] von dem Borne: Die Oedlands=Ankäufe und Aufforstungen der
preußischen Staatsforst=Verwaltung ꝛc. (Ztschr. f. Forst= u. Jagdw.,
XXIV. Jhg. 1892, S. 393).

betrug der Staatsbesitz an noch aufzuforstendem Oedland rund
29 900 ha = 1,2% der Staatswaldfläche. Das Hauptfeld seiner
Thätigkeit hat der Staat in Ost= und Westpreußen, insbesonders in
der Kassubei, wo zunächst ca. 78 500 ha Oedland aufzuforsten sind.
Bis 1896 waren in den beiden Provinzen ca. 67 200 ha ange=
kauft und davon ca. 10 400 ha in forstlichen Bestand gebracht
worden. Der vom Staate in den nächsten Jahren noch zu
erwerbende Oedlandsbesitz dürfte ca. 35 000 ha betragen. Da es
sich hier also um ganz bedeutende Oedlandserwerbungen handelt,
möchte eine kurze Schilderung des hierbei vom Staate eingehaltenen
Verfahrens, welches uns mustergiltig erscheint, angemessen sein.

Das Verfahren wurde zuerst 1887 über Initiative des
Regierungs=Rats Offenberg in den Kreisen Berent und Konitz
(Westpreußen) angewendet. Im Wege des Zusammenlegungs=
verfahrens werden die landwirthschaftlich nutzbaren Grundstücke
ausgeschieden und aus dem übrig bleibenden Oedland und Holzungen
Ankaufsobjekte gebildet. Der Staat schließt sich an und erwirbt
die Oedländereien von den Besitzern käuflich gegen Baarzahlung
— pro ha reines Oedland wurden im Durchschnitt 42 ℳ, 1896
sogar 68 ℳ gezahlt — oder durch Tausch mit anderen Grundstücken.
Unter Einem werden die Hypothekenverhältnisse geordnet und die
Kosten des Verfahrens niedergeschlagen. Jeder Zwang wird
vermieden. Die betreffenden Interessenten können ganz nach Belieben
dem Verfahren beitreten, ja sogar davon wieder zurücktreten, wenn
es ihnen vortheilhafter erscheinen sollte. Die Vorzüge dieses Vor=
gehens sind einleuchtend. Die Besitzer erhalten für ertragloses
Land nutzbare Grundstücke; sie können ihren Besitz entlasten,
bekommen neues Betriebskapital und können sich bessere Wohn=
und Wirthschaftsgebäude anschaffen. Inwieweit aber die in den
dortigen Oedländern eingeführte Institution der Rentengüter
sich bewähren wird, muß der Zukunft überlassen bleiben. Zur
Zeit ist eine ausreichende Beantwortung dieser Frage noch nicht
möglich.

Einen rascheren Fortgang nahm die Haideödlandsaufforstung,
seitdem man sich entschloß, zur Dampfpflugkultur zu greifen.

Der Anfang hiermit wurde 1872 auf der dem Herzog von Aremberg gehörigen Osterbrooker Haide (bei Meppen) vom Oberförster Claudiß[1]) mit einem Fowler'schen Dampfpfluge gemacht, nachdem am 27. August desselben Jahren ein Probe= pflügen stattgefunden hatte. Bis 1875 waren dort mittels Dampf= pflugkultur bereits ca. 659 ha aufgeforstet worden, welche den Namen „Herzog Engelbert=Wald" erhielten. Nicht nur im Emsland, sondern auch auf der Lüneburger Haide und im Oldenburgischen kam der Dampfpflug immer mehr zur An= wendung. Im Herzogthum Oldenburg[2]) wurden z. B. mittelst des Fowler'schen Dampfpflugs 1879—1891 etwa 2 530 ha mit einem Kostenaufwand von ca. 73 ℳ pro ha bearbeitet. Die Haideaufforstungen nehmen auch in Ostfriesland[3]) größere Ausdehnung an. Es entstanden z. B. in den letzten 30 Jahren ein neuer Bezirk der Staatsforstverwaltung Hohehahn mit rund 1 570 ha und eine Anzahl von Privataufforstungen, wie der „Karl Georgs Forst" des Grafen Wedel Goedens bei Wiefede mit 500 ha, die Aufforstungen des Grafen Edzard zu Inn= und Knyphausen bei Repsholt mit 800 ha ꝛc. Hier möge auch eine von dem Großvater des letztgenannten Grafen im Jahre 1771 angelegte, sehr interessante Oedlandskultur genannt werden, nämlich die bekannten auf Legmoor stockenden Weiß= tannenbestände bei Lütersburg (Lützburg).

Die ersten Kulturarbeiten auf deutschem Sandödland bestanden in der Bindung und Bewaldung der Dünen. Als in der Mitte des vorigen Jahrhunderts die Weichsel und der Danziger Hafenplatz (Putziger Wyk) zu versanden drohten, stellte

---

[1]) Claudiß: Die Dampfpflugkultur im Herzoglich Aremberg'schen Forstdistrikte Osterbrook bei Meppen im Hannover'schen (A. d. W., IV. Heft 1873, S. 49).

[2]) Kollmann, Dr. Paul: Das Herzogthum Oldenburg in seiner wirthschaftlichen Entwickelung während der letzten 40 Jahre.

[3]) Gerdes: Die neuen Aufforstungen im Amtsbezirke Wittmund in Ostfriesland (Forstl. Bl. N. F. 1880, S. 33).

1768[1]) die naturforschende Gesellschaft in Danzig, die Preisauf=
gabe, wie dem Uebel zu steuern sei. Diese Frage löste der Pro=
fessor Titius aus Wittenberg ganz richtig, indem er als das
einzige gründliche Mittel die Bindung der Dünen durch Sand=
gräser mit darauf folgendem Nadelholzanbau empfahl. Aber
erst 1795 begannen unter dem Dänen Sören Björn (die Dänen
waren zu damaliger Zeit die Meister im Dünenbau) als Ober=
Plantagen=Inspektor die Dünen=Bau= und Bewaldungsarbeiten,
welche zur Zeit der napoleonischen Kriege gestört wurden, wodurch
wieder ein neuerliches Flüchtigwerden der Dünen drohte. Da
griff aber die preußische Regierung energisch ein. Unter Krause
wurden die Arbeiten neu aufgenommen und fortgeführt, so daß
jetzt die westpreußische Küste zum größten Theil gesichert und be=
waldet ist. Mit dem Sandschollenbau (im Binnenlande bzw.
in der Mark) befaßten sich zuerst Gleditsch 1732, dann
von Burgsdorf 1790 und später von Kropff 1807. Im
Jahre 1824[2]) wurde von der Königlich märkischen ökonomischen
Gesellschaft zu Potsdam eine Prämie für eine zweckmäßige Schrift
über die Bedeckung und Urbarmachung des Flugsands ausgesetzt.
Die Gesetzgebung beschäftigte sich auch alsbald mit dem Sandöd=
land, indem sie dessen Dämpfung und Bewaldung anordnete, und
demgemäß wurden im Laufe dieses Jahrhunderts weitere ehe=
malige Flugsandflächen der forstlichen Kultur zugeführt.

Mit Gebirgsödland hat Deutschland nur noch wenig
zu thun. Die Gebirgsöden der Eifel und des hohen Westerwalds
sind heute bereits der Kultur zurückgegeben. Das Gebirgsödland
des Vogelsbergs, der Vogesen c. wird über kurz oder lang eben=
falls kultivirt werden.

Von geschichtlichem Interesse (und weil auch als Muster zu
verwenden) sind namentlich die Meliorations= und Aufforstungs=

---

[1]) Krause, G. C. A.: Der Dünenbau auf den Ostseeküsten West=
preußens. Berlin, 1850.

[2]) Grundsätze über die Bedeckung und Urbarmachung des Flugsandes c.
(Krit. Bl. III. B. 1825, 1. Heft, S. 34).

arbeiten im Eifelgebiete[1]). Die ersten bezüglichen Pläne stammen von dem Präfekten Ladoucette 1811 (Moorentwässerung) und dem Landrath Böcking 1815—1820 (Schaffung von Acker und Wiese behufs Kolonisation); sie blieben leider erfolglos. Als die weithin fühlbaren schädigenden Einflüsse des Waldmangels in der Eifel sich immer mehr geltend machten, wurde der Entschluß gefaßt, diesem Uebelstand abzuhelfen und endlich 1854 ein Kulturfonds bewilligt. Durch den Artikel 23 des Gesetzes vom 15. Mai 1856, die Gemeindeverfassung in der preußischen Rheinprovinz betreffend, laut welchem die unkultivirten Gemeindegrundstücke zu Wald oder Wiese umgewandelt werden müssen, wenn es im Interesse der Landeskultur liegt, war die Handhabe geboten, die aus Eigennutz widerstrebenden Gemeinden zur Kultur zu zwingen. Das Ministerium verlangte durch Entscheidung vom 28. Oktober 1850 die Vorlage eines Kulturplans, welcher vom Regierungsrath Otto Beck zu Trier ausgearbeitet und am 26. März 1860 von der Regierung genehmigt wurde. Noch in demselben Jahre wurden die Arbeiten begonnen, die nach diesem Plane in 30 Jahren vollendet sein sollten, was auch nahezu der Fall war.

Bei der Melioration des hohen Westerwalds wurde ein anderes System befolgt, indem die forstliche Kultur hier vorzugsweise auf die Anlage von 2—3 m breiten Schutzstreifen aus Fichte oder Weißerle sich beschränkte, welche den verödeten Ländereien den nötigen wohlthätigen Schutz gewähren sollten. Die Streifen, vom Regierungsrath Albrecht zu Wiesbaden (nach dem Muster der in Schottland vorkommenden) etwa 1844 angelegt, haben trotz ihrer geringen Breite außerordentlich günstig auf die dortige Gegend gewirkt.

Im hohen Vogelsberg („hessisches Sibirien"), welcher dem hohen Venn in der Eifel ähnliche Verhältnisse aufweist, hatte man auch

---

[1]) Beck, Otto: Die Cultivirung des hohen Venns. (Forstl. Bl. 1864, S. 1). — Jaeger: Ueber das hohe Venn in der Eifel nebst Bemerkungen über die bisherigen Bewaldungsversuche desselben. (Forstl. Bl. 1866, S. 91). — Koch: Die Bewaldung des im Regierungsbezirk Aachen gelegenen „Hohen Venns" betreffend. (Forstl. Bl. 1868, S. 1).

schon frühzeitig die verderbliche Wirkung des Oedlands auf die Umgegend bemerkt. Schon 1832 wurde in Nr. 46 der „Zeitschrift für die landwirthschaftlichen Vereine des Großherzogthums Hessen" auf die Oedungen des Vogelsbergs hingewiesen und deren Aufforstung empfohlen. Im Jahre 1840 ließ die Regierung ein Gutachten über die Räthlichkeit der Aufforstung von Zeller und v. Wedekind ausarbeiten. Da aber anfangs zuviel verlangt wurde und zudem Mittel nicht vorhanden waren, verhielt sich die Bevölkerung der Aufforstung gegenüber renitent; daher wurde seit 1850 im Vogelsberg für die Aufforstung von Oedland nichts mehr gethan. Neuerdings hat Karl Weber in einer beachtenswerthen Schrift[1]) wieder auf die Nothwendigkeit der Aufforstung des dortigen Oedlands hingewiesen. Hoffentlich finden seine Vorschläge am geeigneten Orte die gebührende Beachtung. Das vom Vogelsberg abstreichende Niddathal könnte den ihm wohlthätigen Schutz durch die Aufforstung der sog. „Breungeshainer Haide" erhalten. Leider sind bisher die Aufforstungsversuche mißglückt. Einen kleinen interessanten Ansiedelungsversuch mit der großfrüchtigen Heidelbeere (Vaccinium macrocarpum) auf den Moorflächen der genannten Haide hat 1896 die hessische forstliche Versuchsanstalt mit so befriedigendem Erfolg unternommen, daß die weitere Ausdehnung der betreffenden Kultur geplant ist.

Sonstige uns bekannt gewordene Gebirgsödlandsaufforstungen in Deutschland sind erfolgt im sächsischen Erzgebirge[2]), wo 3850 ha Moorgründe bisher der Forstkultur gewonnen wurden, nachdem die Entwässerung derselben in den Jahren 1818 begonnen und 1857 vollendet wurde, ferner die Aufforstung der öden Kalkhöhen des Hainbergs[3]) bei Göttingen in den Jahren

---

[1]) Die Bodenwirthschaft im Vogelsberg 2c. Frankfurt a. Main, 1894.

[2]) Dr. Mänuel: Die Moore des Erzgebirgs und ihre forstwirthschaftliche und nationalökonomische Bedeutung mit besonderer Berücksichtigung des sächsischen Antheils. (Forst. nat. Ztsch. 1896, S. 325).

[3]) Merkel G.: Die Aufforstung der öden Kalkhöhen des Hainberges bei Göttingen in den Jahren 1871—1882. Göttingen 1882.

1871—1882, wo sich besonders die Weißerle als eine für diesen Zweck empfehlenswerthe Holzart gezeigt hat.

Außerhalb Deutschlands interessiren uns zunächst die Auf= forstungsbestrebungen Dänemarks [1]) bezüglich des Haideödlands und dann des Sandödlands umsomehr, als die Kunst des Dünen= baues bekanntlich von den Dänen stammt. Der Erfinder desselben bzw. des Anbaus mit Sandhafer und Sandrohr ist Reventlow, welchem sein dankbares Vaterland ein Ehrendenkmal gesetzt hat. Der Zukunftswald Dänemarks liegt in den jütländischen Haiden. Seit Mitte des vorigen Jahrhunderts sollten diese kultivirt werden, natürlich, wie überall zuerst mittels Ackerbaues. Zu diesem Zwecke bildete sich zu Kopenhagen eine Gesellschaft, die sich aber bald wieder auflöste. Im Jahre 1759 berief die dänische Regierung tausend arme deutsche Ansiedler zur Kultur der Ahl= haide und anderer Haiden ins Land, welche aber, trotz Fleiß und vieler Arbeit, kein günstiges Resultat erzielen konnten, weßhalb die landwirthschaftliche Kultur dieser Haiden aufgegeben werden mußte. Nunmehr versuchte man es mit der Bewaldung und begann 1789 der Hannoveraner Brüel seine ersten Anbauver= suche, welche aber ebenfalls infolge unpassender Holzart (Kiefer) mißlangen. Erst als, durch Zufall dazu geführt, mit dem Fichten= anbau versucht wurde, erzielte man bessere Resultate. Bis zur Mitte dies Jahrhunderts wurde aber doch wenig geleistet. Da entstand 1866 auf Anregung des Ingenieur = Kapitäns Dalgas zum Zwecke der Haidekultur die dänische Haidegesellschaft, welche bereits 1882 einen Bestand von 3000 Mitgliedern und eine Jahreseinnahme von 50 000 Kronen (56 000 c//) aufwies, darunter eine Staatssubvention von 20 000 Kronen. Bis zum Jahre 1889 hatte die Gesellschaft 20 ☐ Meilen Haide in Forst= kultur gebracht. Die ersten Versuche der Kultur des dänischen Sandödlands fanden auf der Insel Seeland 1724 statt, allein sie blieben erfolglos. Erst 1790—1792 wurden wieder, u. zw. mit

---

[1]) Emeis: Die Aufforstungsbestrebungen in Jütländischen Haiden. (Allg. Forst= u. Jagdztg. 1895, S. 401).

Erfolg, weitere und forstliche Anbauversuche von dem braun=
schweigischen Oberforstmeister von Langen, später durch den
Forstrath Hansen unternommen.

In Belgien[1]) waren die seit dem 15. Jahrhundert an=
gestellten Bemühungen um Kultur der Haiden ohne Erfolg ge=
blieben und aufgegeben worden. Die Ordonnanz der Kaiserin
Maria Theresia vom 25. Juli 1772 weist zuerst darauf hin,
die dortigen Haiden zu bewalden. Die Bevölkerung jedoch blieb
gleichgültig. Erst seit 1847 (Gesetz vom 25. März), wo seitens
der Regierung scharfe Maßregeln ergriffen wurden, zeigt sich ein
Fortschritt zum Besseren. Von den 1820 noch vorhandenen 290000 ha
Haiden der Ebene waren bis 1876 etwa 40000 ha zu Wald gemacht.

Von Haideaufforstungsbestrebungen in Holland sind zunächst
die des Hohenzollern'schen Fürstenhauses vom Jahre 1780 zu er=
wähnen. Die Aufforstungen in den Geldern'schen Haiden[2]) auf
dem Veluwe („fahle" d. i. „unfruchtbare Aue") des Barons von
Rozendaal 5000 Bunder (ha) groß und die des Barons van
Heeckeren ca. 2500 Bunder stammen aus neuerer Zeit. Die
letztgenannten wurden seit 1845 durch den Rentmeister A. P.
van Ingen zu Arnheim angelegt. Merkwürdigerweise geschah
aber in Holland für den Dünenbau fast gar nichts, obgleich man
dessen Wichtigkeit einzusehen scheint. Wenigstens deutet die auf
das Abmähen des Helms gesetzte Strafe von vier Wochen Ge=
fängniß darauf hin.

Die großartigsten Bestrebungen für Oedlandsaufforstung und
die größte Menge von (nach dieser Richtung) erzielten Resultaten
finden wir in Frankreich. Die ersten bezüglichen Versuche er=
streckten sich auf die Dünenbewaldung[3]). Die immer größer

---

[1]) Brief aus Belgien (Allg. Forst= u. Jagdztg. 1862, S. 57).

[2]) Grunert, Julius Theodor: Der Boden und seine Kultur in den
Niederlanden ꝛc. (F. Bl. 12. Heft, 1866, S, 1, hier S. 28).

[3]) Brief aus Frankreich. — Bericht des französischen Ackerbauministers
vom 11. Oktober 1854 (Allg. Forst= u. Jagdztg. 1855, S. 27). — Sand=
schollenbau in Bordeaux (Allg. Forst= u. Jagdztg. 1856, S. 115). — von
Seckendorff, Dr. A. Freiherr: Die forstlichen Verhältnisse Frankreichs,
Leipzig 1879, S. 202.

werdende Gefahr der wandernden Dünen war erkannt worden, und so wurden denn im Jahre 1780 die ersten Bindungs= und Bewaldungsversuche unternommen. Das eigentliche Riesenwerk, welches sich auf die Bindung und Bewaldung von über 90 000 ha Dünen erstreckte, wurde erst 1802 begonnen und ist fast zu Ende geführt. Als Begründer der französischen Dünenbewaldung wird allgemein der Ingenieur Bremontier genannt; dies ist aber nach den neueren Forschungen[1]) nicht ganz richtig. Bremontier hat sich nämlich die Erfahrungen zweier anderer Männer (Baron Charleroix=Villers und Peychon) angeeignet und für die seinigen ausgegeben. Er leitete wohl die Arbeiten auf Grund einiger Broschüren, die er über diesen Gegenstand verfaßte, ver= schwieg aber die intellektuellen Urheber des Verfahrens. Es ist demnach nicht gerechtfertigt, Bremontier das alleinige Verdienst dieses Kulturwerks zuzuschreiben.

Bemerkenswerth ist das napoleonische Edikt[2]) vom 14. De= zember 1810, welches den Staat auch zur Bindung und Bewaldung von Privat= und Gemeindedünen befugte, im Falle die Besitzer sich weigern sollten oder wenn sie unvermögend sind, die Arbeiten vorzunehmen. Der Staat bleibt dann solange Besitzer dieser Ländereien, bis durch die Nutzungen das aufgewendete Kapital sammt den Zinsen gedeckt ist. Im Jahre 1853 war bereits mehr als ein Drittel aufgeforstet und wuchskräftiger Wald, und hatten diese Dünenwälder schon damals einen Werth von etwa 25 Millionen Fr.

Eine staunenerregende Leistung war aber die Aufforstung der Landes[3]). Diese früher (vor 30 Jahren noch) eine sumpfige Wüste von 800 000 ha, tragen heute auf einer Fläche von über 600 000 ha die schönsten Seekieferbestände Frankreichs. Die ersten Kulturversuche gingen von der „société agricole d'Arcachon" aus und verschlangen auf einer Fläche von 20 000 ha Millionen Fr.,

[1]) Revue des eaux et forêts. 1895.
[2]) von Seckendorff a. a. O. S. 211.
[3]) von Seckendorff: a. a. O. S. 196. — Dr. Exner: Die Amelioration der „Landes" in der Gascogne (Ctbl. f. d. g. Forstw. 1879, S. 302).

ohne daß ein Erfolg erzielt werden konnte. Der Mißerfolg lag hauptsächlich an der scheinbaren Unmöglichkeit zu entwässern. Erst im Jahre 1849 bot das Projekt Chambrelent's, chefingenieur des ponts et chaussées in Bordeaux, dem ganzen Unter= nehmen durch genaue Rücksichtnahme auf Trockenlegung, Kanalbau, Trinkwasserbeschaffung 2c. eine wirkliche Grundlage. Als dann das Gesetz vom 19. Juni 1857 erschien, welches die Ge= meinden zur Entwässerung und Aufforstung ihrer „landes" (Haiden) verpflichtete, stimmten die Gemeinden einmütig zu und brachten durch theilweisen Verkauf ihrer Grundstücke die Kosten auf. Schon 1865 waren die landes communales beinahe vollständig ent= wässert, wobei sich schon eine Ersparniß zeigte, indem die Ent= wässerung pro ha bloß 5,5 Fr. gegenüber 12 Fr. des Voran= schlags kostete. Von dem Erlöse der zum Zwecke der Kostenauf= bringung verkauften Gemeindeländereien von 13,4 Millionen Fr. wurden etwa 9 Millionen zur Melioration verwendet und der Rest in Staatspapieren verzinslich angelegt. Der Besitz der Communen an ca. 291 500 ha landes repräsentirte nach der Melioration einen Werth von ca. 80,2 Millionen Fr., derjenige der Privaten von 350 000 ha etwa 125 Millionen Fr., mithin zu= sammen 205 Millionen Fr. Welch' große Werthe daraus bis heute geworden sind, läßt sich kaum schätzen. Die landes sind wohl der schlagendste Beweis für die hervorragende Nützlichkeit der Oedlandsaufforstung, die nicht nur dem Privat=, sondern im hohen Maße auch dem Volksvermögen zugute kommt. Niemand hätte vor 50 Jahren es noch für denkbar gehalten, daß aus einem sumpfigen Haideland hochwerthiges Kulturland werden könne, daß durch dieses Kulturwerk Frankreich ein blühendes Departement gewinnen würde.

Leider ist aber ein großer Theil der bortigen Seekiefernwaldungen (ca. 10 000 ha) in den Jahren 1865—1870 durch Waldbrände vernichtet worden [1]. Auch durch den großen Kiefernmarkkäfer (Hylesinus piniperda L.) und großartige Sturmfluthen haben die betreffenden Bestände sehr gelitten.

---

[1] Exner, Dr., W. F.: Die Amelioration der „Landes" in der Gascogne. II. Artikel. (Ctbl. f. d. g. Forstw., 1879, S. 356 bzw. 359).

Auch auf dem Gebiete der Aufforstung von Oedland im Gebirge hat Frankreich Hervorragendes geleistet. Seit etwa 100 Jahren ist die französische Regierung bemüht gewesen, die durch rücksichtslose Entwaldung und schrankenlose Weide hervor= gerufenen Mißstände in den Alpen und den sonstigen Gebirgen[1]) zu bessern. Die erste gesetzliche Bestimmung hierüber relatif aux torrents du département des Hautes Alpes datirt vom 4. Ther= midor des Jahres XIII (23. Juli 1805).

Leider mußte man auch hier, wie anderswo, erst durch den Schaden klug werden. Die verheerenden Ueberschwemmungen der Rhone im Jahre 1856, welche die Vernichtung von Menschen= leben und Werthen im Betrage von 220 Millionen Fr. mit sich brachten, sprachen eine gar deutliche Sprache zu dem Volke, welches die Axt an die Wurzeln seiner Existenz dadurch gelegt hatte, daß es die Axt an die Wurzeln seiner Wälder legte. Daraufhin ent= stand zunächst das Wiederbewaldungsgesetz vom 28. Juli 1860 (sur le reboisement des montagnes), welches hauptsächlich von Forcade de la Roquette, dem Chef der französischen Staatsforstverwaltung, stammt. Es wurde 1871 in etwas modi= ficirter Form erneuert. Da dieses Gesetz aber viele Härten auf= wies und sich die durch den Entzug der Weide erbitterte Bevölke= rung auflehnte, schuf man als Auskunftsmittel das Berasungs= gesetz vom 8. Juni 1864 (sur le gazonnement des montagnes) nebst Ausführungsverordnung vom 10. November desselben Jahres. Das Berasungsgesetz wird schon deshalb auch hier genannt, weil die Berasung der Gebirgsöden nicht allein landwirthschaftlichen, d. h. Viehzuchtzwecken zu dienen hat, sondern auch sehr häufig als Vorkultur für die nachfolgende Aufforstung erscheint. Das neueste der hierher gehörigen französischen Gesetze datirt vom

---

[1]) Demontzey, M.: Etude sur les travaux de reboisement et de gazonnement des montagnes. Paris 1878 (von v. Seckendorff) ins (Deutsche übersetzt). — Gayffiér, E., de: Monographies de travaux exécutés dans les Alpes, les Cévennes et les Pyrénées. Paris 1878.

4. April 1882, nämlich das Gesetz sur le restauration et la conservation des terrains en montagnes. Auf Grund der beiden ersteren Gesetze begannen zunächst 1860 die Bewaldungs=arbeiten, Hand in Hand mit der nöthigen Wildbachverbauung, für welche Surell's Schrift [1]) grundlegend war [2]), und 1864 folgten auch die Berasungsarbeiten. Von 1861—1877 [3]) wurden in den französischen Alpen ꝛc. ca. 74 500 ha oder pro Jahr im Durchschnitt 4 650 ha aufgeforstet und berast. Nach einem Bericht des Acker=bauministers vom 28. März 1879 [4]) soll das ganze Kulturwerk in 60—80 Jahren vollendet sein. Es waren aber noch 1879 etwa 758 000 ha mit einem Kostenaufwand von 220 Millionen Fr. (davon 72 Millionen für Grunderwerb) in Kultur zu bringen. Dazu dürften nach dem bisherigen Fortgang der Kultur=arbeiten noch über 160 Jahre nothwendig sein. Man ist aber inzwischen rascher vorgegangen, so daß 1888 [5]) bereits 145 000 ha aufgeforstet waren. Hiervon entfallen 60 600 ha auf den Staat, 50 200 ha auf die Gemeinden und 34 200 ha auf Private. Die Staatsausgaben betrugen 25,4 Millionen Fr. für obligatorische Arbeiten, 6,1 Millionen Fr. für Subventionen, 12,4 Millionen Fr. für Grunderwerb und 7,8 Millionen Fr. für all=gemeine Kosten, mithin zusammen 51,7 Millionen Fr. Von den 25,4 Millionen Fr. für obligatorische Arbeiten kommen auf Wild=bachverbauung über 50%, auf die Kulturarbeiten 7,2% und was einen deutlichen Beweis für die richtige Erkenntnis eines guten Wegenetzes im Gebirge liefert, für Weganlagen ꝛc. 5,7 Mill. Fr.

---

[1]) Etude sur les torrents des Hautes Alpes. II. édit. Paris 1878.

[2]) Die in Tirol schon 1788 und in der Schweiz 1802 (Linthfluß) aus=geführten Wildbachverbauungen konnten keine Muster abgeben.

[3]) von Seckendorff a. a. O. S. 223.

[4]) Die Aufforstungsbestrebungen in Frankreich (Forstw. Ctbl. 1882, S. 260).

[5]) Verhandlungen des internationalen land= und forstwirthschaftlichen Congresses zu Wien 1890. — Vortrag des Oberforstmeisters Demontzey über Wildbachverbauungen und Wiederbewaldung. — Vgl. Ctbl. f. d. ges. Forstw. 1890, S. 517.

Außer den Staatssubventionen bestehen in Frankreich Ehren=
preise, goldene und silberne Medaillen, als Auszeichnung für
Verdienste um die Wiederbewaldung. Auch der 1883 neu
gegründete Orden (du mérite agricole) für ausgezeichnete
Leistungen im Interesse der Bodenkultur, dürfte zweckmäßig als
Mittel, um die Aufforstungsbestrebungen zu fördern, heranzuziehen
sein. Bisher wurde er nur für hervorragende landwirthschaftliche
Kulturarbeiten verliehen.

Von den für die Wiederaufforstung der Gebirgsöden sich
lebhaft interessirenden französischen Vereinen ist der „Club
Alpin Français“ wegen seiner anerkennenswerten Be=
strebungen zu nennen.

Auch in früherer Zeit waren Vereine bemüht gewesen, die Oed=
landskultur besonders im Gebirge zu fördern, so z. B. die „Gesellschaft zur
Ermunterung der Nationalindustrie“ schon seit 1815 durch Ver=
leihen goldener und silberner Medaillen im Werth bis 3000 Fr. oder ent=
sprechender Geldprämien. Im Jahre 1847 erhielt Oberförster Billoux zu
Barcelonette die goldene Medaille für an Hängen von 45—60⁰ ausge=
führte Schneesaaten von Kiefer und Lärche.

Nächst Frankreich nimmt Oesterreich auf dem Gebiete der
Oedlandsaufforstung im Gebirge mit der damit verbundenen Wild=
bachverbauung eine hervorragende Stelle ein. Im Vordergrunde
des Interesses steht hier der schon mehrmals erwähnte Karst im
Süden der Monarchie. Warum seine wenigstens theilweise Auf=
forstung dringend nöthig erscheint, ist bereits früher betont worden.
Die Dringlichkeit der Karstaufforstung wurde zuerst öffentlich durch
die Resolution des zu Triest im Jahre 1865¹) tagenden öster=
reichischen Reichsforstvereins ausgesprochen. Es wurden
zwar schon im Jahre 1842 auf Anregung des Triester Bürgers,
Rosetti, unterstützt vom Statthalter Graf Stadion, durch den
Triester Stadtmagistrat Aufforstungsversuche unternommen, allein

---

¹) Brief aus Oesterreich. — Versammlung des österreichischen Forst=
vereins am 4.—6. September 1865 auf dem Karst und in Triest — (Allg.
Forst= u. Jagdztg. 1865, S. 457).

diese mißlangen. Auch die im Jahre 1857 neuerdings energisch fortgesetzten Bestrebungen führten nicht zum gewünschten Resultate, da vor allem sachkundiges Personal und geeignetes Material, sowie die richtige Methode fehlte. Endlich nahm sich auch, hauptsächlich in Folge der genannten Resolution, der Staat der Sache an und wurden 1868 die Arbeiten systematisch in Angriff genommen. Der Staat errichtete Baumschulen, gab Subventionen, verlieh auch Medaillen und ordnete die Hegelegung gewisser Oertlichkeiten an ꝛc. Somit war wenigstens ein Anfang gemacht. Im Jahre 1871 erhielten die politischen Behörden Forsttechniker zugetheilt. Im Verlaufe der Aufforstungsarbeiten zeigte sich aber immer mehr und mehr, daß das Forstgesetz von 1852 (Triest wollte schon 1852 Zwang in der Aufforstung) für diese Verhältnisse nicht ausreichend war. Es mußten daher neue gesetzliche Grundlagen geschaffen werden, auf welche sich der Fortgang der Arbeiten stützen konnte. So entstanden für die einzelnen Provinzen in rascher Folge die Karstaufforstungsgesetze, deren allgemeine Grundzüge nachstehende sind: Bestimmung derjenigen Flächen, welche im Interesse der Landeskultur, jedoch ohne Gefährdung des Hauptwirthschaftsbetriebs, aufzuforsten seien, Gründung eines vom Staate und Lande subventionirten Aufforstungsfonds, Ernennung eigener Karstaufforstungskommissionen mit bestimmt abgegrenztem Wirkungskreis. Die Karstaufforstungsgesetze datiren vom 27. Dezember 1881 für Triest, vom 9. Dezember 1883 für Görz und Gradisca, vom 9. März 1885 für Krain und vom 7. Mai 1886 für Istrien. Für Dalmatien gilt das Gesetz vom 9. November 1880, betr. die Aufforstung der auf Grund des Reichsgesetzes vom 27. Mai 1876 für die Waldkultur bestimmten Grundstücke. Für die einzelnen Kronländer traten die genannten Kommissionen zugleich mit den Aufforstungsgesetzen ins Leben, und nun waren die Bewaldungsarbeiten in feste Bahnen geleitet. Die alljährlich aufzuforstende Fläche des Karstödlands ist den Bedürfnissen der Bevölkerung angepaßt und konnte nur gering ausfallen. Es wird zwar langsam, aber mit genügender Sicherheit aufgeforstet. Die Kulturtechnik stützt sich vorzugsweise auf zwei Momente: ausgiebige An-

wendung der Hegelegung durch die ortsüblichen Trockenmauern
und vorwiegender Anbau von Schwarzliefern.

Für die Aufforstung sonstigen Gebirgsödlands hat man
sich in Oesterreich schon bald interessiert; war doch von höchster
Stelle, dem Kaiser Franz Josef I. selbst, mit Entschließung vom
9. Oktober 1852 [1]) ein Preis von 1000 Dukaten für ge=
lungene Aufforstungen von Gebirgsöden ausgesetzt worden.
Die Bewerbungsbedingungen enthielten die Bestimmung, daß die
Fläche mindestens 30 österreichische Joch = 17,3 ha groß, in den
Kronländern Böhmen, Mähren, Schlesien, Galizien über 3000'
Meereshöhe, in den südlichen Alpen und dem Banat 4000' hoch
gelegen, und vor 1835 entwaldet, mithin länger wie 20 Jahre
verödet sein müsse; die Aufforstung hatte in den Jahren 1856—1859
zu erfolgen. Nach dem Gutachten des Professors Breymann [2])
wurden endlich 1868 die 1000 Dukaten als vier Prämien (ein=
gelaufen waren sieben Bewerbungen) verteilt, und erhielten die
Sudetenaufforstungen die beiden ersten Preise. Prämiirt wurden
Forstmeister Ulrich von Wiesenberg (Mähren) mit 400
Dukaten (erster Preis) und Forstmeister Alder von Goldenstein
(Mähren) mit 300 Dukaten (zweiter Preis). Da in Oesterreich
bekanntlich der Privatwaldbesitz der vorherrschende ist, so findet
man in der Litteratur wenig Material über die privaten Auf=
forstungsbestrebungen, bzw. die auf Oedland ausgeführten Auf=
forstungen selbst. Die großen Waldbesitzer thun aber in dieser
Hinsicht viel, theils durch Unterstützung der kleinen Waldbesitzer
durch unentgeltliche oder sehr billige Abgabe von Samen u. Pflanzen
(z. B. Fürst Johann Lichtenstein), theils durch Ankauf öder
Flächen behufs Aufforstung. So hat, in richtiger Erkenntniß der
Nothwendigkeit der Aufforstung des Gebirgsödlands, beispielsweise
die Vordernberger Radmeister Communität in Steier=

---

[1]) Verhandlungen der Forstwirthe von Mähren und Schlesien 1869
H. 1, S. 1.

[2]) Oesterr. Monatsschr. f. Forstw. 1868, S. 98.

mark[1]) seit 1840 ca. 140 in Folge von Waldverwüstung nicht recht lebensfähige Bauerngüter im Hochgebirge im Ausmaße von 10 450 Joch (devastirten) Wald und 3 100 Joch Wiesen und Aecker (zusammen ca. 6 725 ha) angekauft und mehr wie $3/_4$ davon bereits aufgeforstet.

Eine sehr wirksame Thätigkeit in Bezug auf Aufforstung und Verhinderung der Entstehung neuen Oedlands entfalten ferner die verschiedenen Forstvereine, welchen sich Aufforstungsvereine anschließen. Auch andere, wie der Deutsch-Oesterreichische Alpenverein, welcher 1879[2]) für Aufforstungen in den Alpengegenden 500 Gulden in Gold bewilligte, beteiligen sich an dem Kulturwerk.

Mit der Aufforstung des Gebirgsödlands steht die Wildbachverbauung vielfach in enger Verbindung. Wir wollen daher auch diese alsbald hier wenigstens kurz beleuchten. Wie in Frankreich 1856, so mußte auch in den österreichischen Alpenländern erst die Wasserkatastrophe vom Jahre 1882 die maßgebenden Kreise auf die Wildbäche aufmerksam machen. Es ist dies umso verwunderlicher, als gerade Oesterreich das erste Land war, welches Wildbäche verbaute, denn die Verordnung des Grafen Sauer, Gouverneur „der oberösterreichischen Fürstenthümer und Landen" vom 9. Mai 1788[3]), betreffend Vorkehrungen gegen Wildbachverheerungen, enthält ganz bestimmte Verbauungsvorschriften und auch Beobachtungen, die später durch die Wissenschaft und Erfahrung bestätigt wurden. Die Verbauungskunst scheint aber in Vergessenheit gerathen gewesen zu sein; wenigstens hörte man in Oesterreich nichts mehr von ihr, während später die Schweiz und dann Frankreich anfingen, ihre

---

[1]) Schimple, J.: Ueber die Nothwendigkeit des Aufforstens von absoluten Waldböden und eingeforsteten oder enclavirten Oekonomiegründen (Ctbl. f. d. ges. Forstw. 1887, S. 23).

[2]) Aufforstungen im Gebirge in Frankreich (Ctbl. f. d. g. Forstw. 1880, S. 285).

[3]) Eine Verordnung über Vorkehrungen gegen Wildbachverheerungen aus dem Jahre 1788 (Oe. V. f. Forstw. 1894, S. 187).

Wildbäche zu verbauen. Letzteres Land bereiste denn auch nach der vorhin genannten Katastrophe der damalige österreichische Acker= bauminister Graf Falkenhayn, um Studien über die Wild= bachverbauung zu machen, und wurde Frankreich zunächst zum Muster in dieser Beziehung für Oesterreich. Es entstand das Gesetz vom 30. Juni 1884, betreffend Vorkehrungen zur unschädlichen Ableitung von Gebirgswässern. Die Verbauung ist den Forsttechnikern übertragen, weshalb auch die Lehre von der Wildbachverbauung seit 1884 mit in das forstliche Unterrichts= programm an der Hochschule für Bodenkultur in Wien aufge= nommen worden ist. Die Arbeiten begannen 1883 [1]) in dem schwer heimgesuchten Tirol. Ursprünglich war hierfür ein jähr= licher Fonds von 500 000 fl. ö. W. bewilligt, der von 1891 ab bis 1904 auf 750 000 fl. ö. W. erhöht wurde. In den Jahren 1883—1894 betrugen die Verbauungskosten 3 650 000 fl. ö. W., woran Tirol allein mit beinahe 2 Millionen partizipirt. Her= gestellt wurden in diesem Zeitraum:

17958 Querwerke, u. zw. $\frac{1}{3}$ Holz= und $\frac{2}{3}$ Steinbauten,

84 km Leitwerke, Sporne, Buhnen ꝛc.,

65 km Cunetten,

73 km Entwässerungsgräben,

808 km Verflechtungen im Rutschterrain, [2])

43 km Umlegung und Korrektur von Bächen,

1602 ha Aufforstungen,

328 ha Berasungen.

Sämmtliche Arbeiten funktionirten bei den Hochwassern 1885, 1888 und 1889 tadellos. Auf die Wildbachverbauung, nebst der hierbei nöthigen Gebirgsödlandsaufforstung, nahm der

---

[1]) Die Wildbachverbauung in den Jahren 1883—1894. Herausgegeben vom k. k. Ackerbauministerium. Wien 1895, S. 253. — Die Wildbachverbauung in Oesterreich (Ctbl. f. d. g. Forstw. 1895, S. 245).

[2]) Diese Verflechtungen (808 km) in einer Linie gedacht, würden der Länge der Eisenbahnstrecke von Wien nach Lemberg entsprechen.

in Wien 1890 tagende forst= und landwirthschaftliche Kongreß[1]) in seiner Resolution die gebührende Rücksicht, indem er erklärte, daß die Verbauung der Wildbäche und die Regulierung der wild= bachartigen Flüsse von dringender Nothwendigkeit sei, daß ferner diese für das öffentliche Wohl so wichtige Frage für alle Länder Europas, wenn auch in verschiedenem Grade, von Interesse sei, und daß sie daher den Gegenstand einer internationalen Konferenz zu bilden habe, in welcher die allgemeinen Grundsätze ihrer Durch= führbarkeit festgesetzt werden sollen, während die Mittel der Aus= führung der Vereinbarung zweier oder mehrerer direkt interessirter Länder vorbehalten bleiben sollen.

Für Oesterreich und Ungarn erübrigt nur noch die Be= sprechung der Aufforstungsbestrebungen von Sandödland. Die Bisenzer Flugsandflächen in Mähren wurden von Ober= förster Johann Friedrich Bechtel[2]) in den 1840er Jahren mit gutem Erfolge mittels einjährigen, ballenlosen Kiefernpflanzen aufgeforstet und sind heute bereits zum Theil nutzbare Bestände geworden. Bechtel soll nach Wessely[3]) der Erfinder dieser Kiefern= pflanzmethode sein, was aber nicht richtig ist oder allenfalls nur für Oesterreich gelten kann. G. L. Hartig empfahl diese Methode schon 1833 in der preußischen Staatszeitung, nachdem sie vom Oberförster Westphal im Groß=Schönebecker Revier (Mark) an= gewendet worden war. Die Sandschollen des Marchfeldes werden immermehr in Waldbestände übergeführt. Seit neuerer Zeit bedient man sich hier des Topinamburs als Schutzpflanze für den forstlichen Anbau mit vorzüglichem Erfolge.

Ein historisches Sandgebiet bildet die Banater Wüste[4])

---

[1]) Verhandlungen des internationalen land= und forstwirthschaftlichen Congresses zu Wien 1890 (Cbl. f. d. g. Forstw. 1890, S. 527).

[2]) Heß, Dr. Richard: Lebensbilder hervorragender Forstmänner ꝛc., Berlin 1885, S. 9.

[3]) Wessely: Der europäische Flugsand und seine Kultur. Wien 1873, S. 169.

[4]) von Paschwitz, R.: Beschreibung der Sandschollen in der k. k. österreichischen Militärgrenze des Banats und der zur Bindung des Flug= sandes ausgeführten Forstkulturen (Allg. Forst= u. Jagdztg. 1884, S. 271).

im südlichen Ungarn, für deren Kultur zwar schon sehr viel ge=
than wurde, die aber noch immer ihrer völligen Urbarmachung
harrt. Zu Anfang dieses Jahrhunderts begann das große
Kulturwerk. Wieder war es ein deutscher Forstmann, der k. k.
Walddirektor Franz Bachofen von Echt (geboren 1786 zu
Ehrenbreitstein bei Coblenz), welcher diese Oedlandsaufforstung
nach seinem 1815 entworfenen Bewaldungsplan im Jahre 1818 in
Angriff nahm. Bis 1832 waren schon rund 4330 Joch in Kultur
gebracht und über deren weitere Behandlung unter dem 1. August
desselben Jahres eine genaue Instruktion erlassen. Im Jahre 1842
umfaßte die Aufforstung bereits 8920 Joch mit einem Kostenaufwand
von 200 000 fl. ö. W. Mit dem Rücktritt Bachofen's (1844)
kamen die Arbeiten ins Stocken. Später wurde in Folge der
ungarischen Revolution (1848/49) Vieles wieder zerstört. Man
hatte bis 1869, also seit einem halben Jahrhundert, mit vielen
Kosten (1 250 000 fl. ö. W.) Ungenügendes geleistet. Da beschloß
endlich das Reichskriegsministerium, unter dessen Verwaltung das
betreffende Gebiet stand, eingehende Studien machen zu lassen, und
so entstand 1873 Wessely's Buch „Der europäische Flugsand
und seine Kultur", das beste Werk, welches wir über diesen Gegen=
stand besitzen. Ob und wie weit die Vorschläge Wessely's zur
Kultur der Banater Wüste beachtet und ausgeführt wurden, ist
seither, wenigstens in der deutschen Litteratur, nicht bekannt ge=
worden. Zu vermuthen ist aber, daß bei der großen Flächen=
ausdehnung jedenfalls auch heute noch viel zu thun bleibt.

Die Aufforstungsbestrebungen in Italien sprachen sich schon
seit langem in dem Wunsche nach gesetzlichen Bestimmungen über
Wiederbewaldungen aus. Solche Gesetze wurden angestrebt 1839
für Piemont, 1855 Neapel ꝛc. Seit 1861 brachten fast alle
Ackerbauminister Entwürfe von Waldschutz= und Aufforstungsgesetzen
ein, bis endlich am 20. Juni 1877 [1] das italienische Waldschutz=

---

[1] Das neue italienische Waldschutzgesetz (Allg. Forst= u. Jagdztg.
1878, S. 303).

geſetz ſanktionirt wurde. Der Club Alpino Italiano[1]) hat ſich
hierbei verdient gemacht, indem er durch Quintino Sella die
Sanktion durchſetzte. Auch Italien beſitzt ein Geſetz über Wild=
bachverbauung, Aufforſtung und Beraſung der Gebirgsgründe,
welches vom 1. März 1888 datirt. Die Aufforſtungsarbeiten
gehen aber ſo ungemein langſam vor ſich, daß Italien auf dieſe
Weiſe nach menſchlicher Berechnung überhaupt nie dazu gelangen
wird, ſeine Oedländer aufzuforſten. Blos für die als (vermutlich)
dringendſt) aufzuforſtenden 216 000 ha Oedland (ſ. S. 12) würde
Italien 4000 Jahre (!) brauchen.

In Spanien iſt ein Waldſchutzgeſetz unter dem 11. Juli
1877 erlaſſen worden. Wie weit ſich deſſen Einfluß auf Auf=
forſtungsbeſtrebungen im Allgemeinen und auf Oedländereien im
Beſonderen erſtreckt, iſt uns nicht bekannt geworden.

In Rußland iſt die Regierung ſeit langen Jahren bemüht,
die ungeheueren Oedlandsflächen einer Kultur und vorzugsweiſe
der forſtlichen zuzuführen. Die erſten Steppenaufforſtungen[2]) in
Südrußland wurden 1843 vom kaiſerlichen Oberförſter Victor
von Graff begonnen, welcher dieſem Werke ſein ganzes Leben
widmete. Seine Vorbilder waren die kleinen Waldanlagen der
Mennoniten, eine religiöſe Sekte, welche, weil den Militärdienſt
verweigernd, aus Preußen vertrieben, in der ruſſiſchen Steppe eine
neue Heimath gefunden hatte. Auf dieſe Weiſe wurde der Grund
zur erſten Steppen=Oberförſterei Weliko Anadol (Gouvernement
Jekaterinoslaw) gelegt. 1884 machte man Verſuche mit
Baumfeldwirthſchaft. In den Jahren 1843—1885 wurden auf
der ſüdruſſiſchen Steppe 15 000 ha durch den Staat und 7000 ha
durch Private zu Wald angelegt, freilich für den Zeitraum von

---

[1]) von Naesfeldt: Die Bemühungen der Alpenvereine behufs Ver=
beſſerung der Waldzuſtände in den Alpen (Forſtw. Ctbl. 1879, S. 569).

[2]) von Berg: Die Bewaldung der Steppen in Südrußland (Jahrb.
der kgl. ſächſ. Akad. f. Forſt= u. Landw. zu Tharand 16. B. 1864, S. 237).
von Kern, Dr. Ed.: Ueber die Aufforſtungen im ſüdruſſiſchen Steppen=
gebiete (Forſtl. Bl. N. F. 1886, S. 53).

über 40 Jahren recht wenig. Man muß aber die außerordent=
lichen Schwierigkeiten in Betracht ziehen, welche sich der Steppen=
aufforstung entgegenstellen. Die Bestrebungen der Privaten sucht
die Regierung seit 1876 durch Prämien von 100 Rubel bis 500
Dukaten und durch die Verleihung silberner und goldener Medaillen
anzufeuern. In den Gouvernements Samara, Saratow und
Stavropol¹), wo 740 000 ha waldleere Steppen zu bewalden
sind, begannen die Arbeiten im Jahre 1885. Dort sollen jedoch
nach Henko's Plane blos 140—285 m breite Schutzgürtel angelegt
werden, in der Weise, daß Wäldchen von etwa 218 ha Größe je
1 km von einander entfernt, entstehen. Man hofft auf diese Weise bis
zum Jahre 1912 etwa 34 000 Desjatinen (= 37 300 ha) angelegt
zu haben. In Westrußland²) ist seit 1873 ein großes Kultur=
unternehmen im Gange, die Nutzbarmachung der dortigen ursprüng=
lich 6 500 000 ha umfassenden Sümpfe. Bisher sind etwa
1 000 000 ha dieses Oedlands der Kultur gewonnen worden, von
denen 600 000 ha zu Wald angelegt wurden. Von russischen
Sandödlandsaufforstungen³) sind zu nennen die auf Anregung
und unter Leitung des Etatsraths Viborg von 1779—1825
ausgeführten Kulturen der etwa 10 ☐ Meilen großen Flugsand=
schollen Livlands, ferner die 1835—1837 vollzogenen Dünen=
aufforstungen an der Westküste Kurlands u. a. m. Besonders
beachtenswert ist die nach entsprechender Dossirung erfolgte Auf=
forstung einer fast senkrechten ca. 30 m hohen Wand des Sand=
bergs „Knippe Kabar", eine Düne, welche auf den Seekarten
wegen der weithin sichtbaren Weiße, als Merkmal eingetragen war.

Als Beweis dafür, daß man die Gefährlichkeit des Sandöd=
lands auch außerhalb Europas ziemlich bald erkannte und der

---

¹) Guse: Aus Rußland (Russkoie lesnoie dielo 1892, Heft 4)
(Zeitschr. f. Forst= u. Jgdw. XXVI. Jhg. 1894, S. 52).

²) Die Trockenlegung der westrussischen Sümpfe (nach dem Bericht
des russ. Staatsraths Weninkow) — (Ctbl. f. d. g. Forstw. 1893, S. 235).

³) Korrespondenz. — Kurische Westküste (Allg. Forst= u. Jgdztg. 1839,
S. 179).

Gefahr zu begegnen suchte, möge die Mittheilung Platz finden, daß in Egypten[1]) der Khedive Mehemet Ali in den Jahren 1820—1830, zum Schutze gegen die Sandfluthen der Sahara, einen 80 km langen und entsprechend breiten Gürtel von Dattel= palmen am Rande der Wüste anlegen ließ.

B. Die forstlichen Kulturmethoden.

Wenn es sich um die forstliche Kultur von Oedland in großem Umfang und besonders von solchem handelt, welches im Landeskulturinteresse hierzu herangezogen werden soll, so sind ver= schiedene Vorarbeiten unerläßlich, bevor man zur eigentlichen Kultur schreiten kann. Hierher gehört vor allem die Aufstellung eines Kulturplanes, welcher die genaue Bezeichnung und Be= grenzung ꝛc. der aufzuforstenden Flächen, die Festsetzung der noth= wendigen Bodenbearbeitung nach vorausgegangener Untersuchung der Standorts= und sonstigen örtlichen Verhältnisse, kurz die räumliche und zeitliche Eintheilung der ganzen Arbeit zu umfassen hat. Wo nöthig, sind auch entsprechende Regelung der Eigenthumsverhältnisse, Ablösung von Servituten, Erlaß von speciellen Gesetzen ꝛc. vorzunehmen. Letztere Maßregeln fallen der Staatsgewalt zu, während die Ausführung der Arbeiten selbst theils vom Staate, theils von Privaten ausgeht.

a. Holzarten.

In erster Linie steht die Frage, welche Holzarten für den Oedlandsanbau am meisten geeignet sind? Im Großen und Ganzen kann für das europäische Oedland — mit Ausnahme der russischen Steppe — unserer Meinung nach zunächst nur der Nadelholz= anbau in Betracht kommen. Wir betonen das „zunächst", da es sich doch auch da, wo das Nadelholz nicht das ständige Wirth= schaftsobjekt bilden soll, darum handelt, auf dem verödeten Boden anspruchslose Holzarten anzubauen, die als Vorkultur für anspruchs= vollere zu dienen haben, und hierzu sind vor Allem gewisse Nadel=

---

[1]) Waldanlage in Egypten. (Nach Ysabeau in den Annal. forest.) (Allg. Forst= u. Jgdztg. 1854, S. 432).

holzarten besonders geeignet. Wenn wir dies als Regel aufstellen und weiter als die eigentlichen Oedlandsbäume die Kiefern= arten und die Fichte bezeichnen, so wissen wir recht wohl, daß sich noch viele andere Holzarten (unter bestimmten Verhältnissen) als hervorragende Oedlandsbäume bewährt haben; jedoch sind dies Ausnahmen, welche die Regel nur bestätigen.

Thatsächlich finden auch zum Zwecke der Oedlandsaufforstung Kiefer und Fichte die meiste Anwendung. Jene ist die Haupt= holzart für das Gebirgsödland; diese hingegen bildet den Haupt= baum im Oedland der Ebene. Doch auch dieser Satz ist nur bedingungsweise richtig. So gedeiht z. B. die Kiefer nicht in den nordeuropäischen Haiden, wohl aber die Fichte und Bergkiefer, was der Eigenschaft dieser beiden als Gebirgsödlandsbäume insofern nicht widerspricht, als diese Holzarten in der Ebene des Nordens vielleicht ähnliche Vegetationsbedingungen finden, wie in südlicheren Gegenden bei einer größeren Erhebung über den Meeresspiegel. Die Kiefer tritt auch als Gebirgsödlandsbaum auf, z. B. in den französischen Alpen. Zweckmäßiger wird sie aber durch die Schwarzkiefer (besonders auf Kalk) und in höheren Lagen durch die Berg= bzw. Krummholzkiefer ersetzt. Die viel= seitigste Verwendungsfähigkeit für den forstlichen Oedlandsanbau besitzt entschieden die Kiefer. Sie ist für Deutschland der eigent= liche Haidebaum. Sie bestockt den flüchtigen Sand, sie verträgt das trockene Kalködland und kommt selbst auf dem nassen Moor noch fort. Die Bergkiefer, die bekanntlich in verschiedenen Formen auftritt, ist sehr geeignet für die Flugsandbindung des Binnenlands (Dänemark)[1], wie auch der Dünen (kurische Nehrung), auch für die Aufforstung sonstigen Oedlands (schleswig=holstein'sche Mittel= rücken). Für den Kalködlandsanbau hat die Schwarzkiefer mit Recht die weitgehendste Verbreitung gefunden.

---

[1] Heß, Dr. Richard: Eigenschaften und forstliches Verhalten der wichtigeren in Deutschland einheimischen und eingeführten Holzarten. II. Aufl. Berlin 1895, S. 190.

Von ausländischen Kiefernarten ist an erster Stelle die Pechkiefer (Pinus rigida Mill.) zur Oedlandsaufforstung geeignet und auch zur Verwendung gekommen. Diese genügsame Holzart ist der gemeinen Kiefer selbst in den dürftigsten Verhältnissen überlegen. Sie leidet insbesondere nicht von der Schütte und besitzt die vortreffliche Eigenschaft des Ausschlagsvermögens in der Jugend bis etwa zum 10—15 jährigen Alter. Diese Eigenschaft macht sie besonders bei eingetretenen Brandschaden für Flugsandkulturen werthvoll. Auf den Stock gesetzt treibt sie alsbald kräftige, 40—45 cm hohe, ziemlich zahlreiche (durchschnittlich etwa 9) Loden. Dies war z. B. der Fall bei einer durch Brand im März 1893 beschädigten 10 jährigen Kultur im Kottenforst bei Bonn[1]). Pinus rigida-Kulturen auf Oedland bestehen zur Zeit in der Oberförsterei Oberfier (Regierungsbezirk Cöslin) 35 ha, Oberförsterei Wirthy (Regierungsbezirk Danzig), auf den Neumühler Flugsandflächen (Tuchler Haide)[2]) u. a.

Die Paroliniana- oder calabresische Kiefer (Pinus Paroliniana Webb. = P. brutia Tenore) wird neuerdings für den Kalköblandsanbau am Karste verwendet. Sie stammt aus Kleinasien, ist raschwachsend und soll sehr widerstandsfähig gegen Hitze und Trocknis sein.

Die Sternkiefer (Pinus Pinaster Soland = Pinus maritima Lamarck) auch See-Seestrands- und Igelkiefer, Pin maritime genannt, bildet fast ausschließlich das bewährte Aufforstungsmaterial des französischen Oedlands der „Landes et dunes de Gascogne". Da diese Kiefer auch als Seestrandskiefer bezeichnet wird, so kann dies leicht zur Verwechslung mit der echten Seestrands- oder Aleppokiefer (Pinus halepensis Mill. = P. maritima Lambert) führen. Leider verhindern die klimatischen Verhältnisse Deutschlands die erfolgreiche Anzucht dieser ausgesprochenen Oedlandsholzart.

[1]) Sprengel: Die Widerstandsfähigkeit von Pinus rigida gegen Waldbrand (Allg. Forst- u. Igbztg. 1896, S. 175).
[2]) Dr. Schwappach: Ueber die Verwendung von Pinus rigida zu Oedlandkulturen (Ztschr. f. Forst- u. Igbw. XXIII. Jhrg. 1891, S. 691).

Für Hochmoore des Gebirges, welche aufgeforstet werden sollen, empfiehlt Mayr[1]) die aus Nordamerika stammende Pinus Murrayana Balf. (Black Pine) als eine hierzu besonders geeignete Holzart. Ihr Anbau in Europa scheitert aber vorläufig noch an der Schwierigkeit des Samenbezugs.

Wie bereits erwähnt, ist die Fichte diejenige Holzart, welche die meiste Verbreitung bei der Aufforstung von Gebirgsböden (wenigstens in Deutschland) gefunden hat und noch finden wird. (Eifel, Vogelsberg ꝛc.) Sie bildet übrigens auch in der Ebene bei derartigen Aufforstungen in Gesellschaft der Kiefer, das Kultur= material, wo sie jedoch die besseren Bodenpartien zugewiesen erhalten muß. Für die nordischen Haiden ist sie in Mischung mit der Berg= kiefer fast der ausschließliche Haidebaum.

Von ausländischen Fichten verdient bisher nur die nord= amerikanische Weißfichte (Picea alba Lk.) für Oedlandsauf= forstung Erwähnung. Sie hat sich namentlich in den jütländischen Haiden, sowie bei der Dünenaufforstung bewährt und gegen die Seewinde widerstandsfähiger als die einheimischen Nadelhölzer gezeigt[2]).

Lärche und Tanne sind im Allgemeinen in Folge ihrer hohen Standortsansprüche für Oedlandsaufforstung ziemlich unge= eignet. Gleichwohl hat man schon schöne Tannenbestände auf Legmoorboden (Lützburger Tannen in Ostfriesland) gezogen. Ferner findet die Tanne im Karste zum Unterbau der Schwarz= kiefernbestände Verwendung. In Folge ihres Weidebesserungs= vermögens wird die Lärche, wo angängig, gerne auf ödem Weideland angebaut (Herrschaft Hohenwang in Steiermark). In Belgien findet sich die Lärche sogar auf den Dünen.

Der Anbau des Wachholders auf Oedland dürfte kaum vor= kommen, jedoch sollte dieser als Bodendeckholz nützliche Strauch dort, wo er spontan auftritt, sorgfältig geschont werden, da so manche Kultur ohne seinen Schutz vollständig mißlingt. (Karst.)

---

[1]) Die Waldungen von Nord=Amerika ꝛc. München, 1890, S. 349.
[2]) Heß: a. a. O. S. 222.

Die Laubhölzer, welche im Allgemeinen zu Oedlands=
kulturen mehr oder weniger ungeeignet sind, wenn es sich um
erstmalige Kultivirung handelt, werden trotzdem hierzu verwendet,
wenigstens einige Arten. Am Orte ist der erstmalige Laubholz=
anbau europäischen Oedlands wohl nur in der russischen Steppe,
weil in deren fruchtbaren Boden die meisten Laubhölzer gut ge=
deihen. Abgesehen hiervon sollten aber nur Birke, Akazie und
einige Pappelarten — je nach der Gattung des Oedlands —
in Betracht kommen.

Man findet zwar auch die Eiche hier und da angebaut,
z. B. auf dem Haideödland in den Schälwäldern des holländischen
Gelderlands (Veluwe), ferner auf Moor in den französischen
landes, sowie auf dem Kalködland des Karstes. Geeignet ist sie
übrigens hier nirgends. Für Moorkultur wäre allenfalls die
Sumpfeiche (Quercus palustris Du Roi) zu nennen, deren
Gerbstoffgehalt ein höherer sein soll[1] als der unserer beiden
deutschen Eichen=Arten, wodurch ein Schälwaldbetrieb sich etwas
rentabler gestalten würde.

Als Reinkultur auf Oedland in größerer Ausdehnung wird
die Birke nicht verwendet. Sie dient meist als Schutzholz gegen
Feuersgefahr in den mit Nadelholz aufgeforsteten Haiden. Auf
Flugsand und Moor kommt sie gleich gut oder besser gleich schlecht
fort wie die Kiefer. Zur Bindung von Mullwehen ist sie besonders
mit Vortheil anzuwenden. Sogar im heißen Sand, wo die Kiefer
fehlschlug, wurde sie schon als Stummelpflanze nicht ohne Erfolg
angebaut.

Der eigentliche Steppenbaum ist aber die Akazie, wenigstens
für Ungarn, wo sie auch ihre zweite Heimath gefunden hat. Sie
wird hier in reinen Beständen angebaut und dient so recht
eigentlich der Puszta=Aufforstung. Nur durch sie wurde
es ermöglicht, die etwa 2 □ Meilen große Puszta Vacs[2] aufzu=

[1] Joly: Ueber den Anbau der Sumpfeiche (Ztschr. f. Forst= u.
Jgdw. XIX. Jhg. 1887, S. 109).
[1] Die Bedeutung der Akazie für die ungarische Tiefebene. (Aus dem
Nachlasse des verstorbenen Forstdirectors Beauregard) — (Ctbl. f. d. g.
Forstw. 1887, S. 153).

forsten und so ein bedeutendes Areal für die Kultur zu erobern. Außer im ungarischen Oedland wird sie auch in der südrussischen Steppe vielfach angebaut. Man pflügt hier Stecklinge dieser Holzart ein oder pflanzt diese mittels des Pflanzstockes. Auch zur Flugsandkultur ist die Akazie mit Vortheil verwendet worden (Banater Wüste).

Von den Pappelarten, welche bei Oedlandskulturen, besonders auf Flugsand und Steppen (Rußland), ev. zu Moorauf- forstungen in Betracht kommen, sind die Silberpappel, die kanadische Pappel und die Schwarzpappel zu nennen. Letztere kommt selbst auf den dürrsten Karstflächen noch fort.

Auch die Weiden sind mitunter ein gesuchtes Aufforstungs- material für Oedland, wenigstens wenn es sich darum handelt, rasch eine Vegetation zu erzeugen. Zu nennen wären Salix caprea (für Kalköbland), S. acuminata (Dünen an der Düna), S. rubra und vitellina (südrussische Flugsandstrecken), S. repens (Dünen der Ostsee), endlich S. arenaria und cinerea (für Sand- öbland).

Beinahe überall ist die Buche von dem Aufforstungsmaterial des Oedlands ausgeschlossen und zwar mit vollem Rechte. Wenn sie auch in hohem Grade bodenbessernd ist und daher aus Oedland Kulturland machen könnte, so verhindern doch die Eigenschaften des Oedlands ihren Anbau als Erstlingsholzart. Sie kommt erst in zweiter Linie (nach der Kiefern-Vegetation) in Betracht. Hier und da wurde wohl ihr Anbau versucht, aber — abgesehen von den haushohen Schutzhecken des Westerwalds, der Eifel und den sogenannten „Knick's" — sind durch sie auf Oedland besondere Resultate nicht erzielt worden.

Als Laubhölzer von untergeordneter Bedeutung, welche stellenweise mit Erfolg zur Aufforstung verwendet oder empfohlen worden sind, mögen noch folgende angeführt werden.

Die Blumenesche wurde zur Aufforstung von Kalköbland empfohlen (Scharnaggl's „Pionier des Karstes"[1]). Sie hat sich

---

[1] Scharnaggl: a. a. O. S. 22.

aber, wenigstens am Karst, nicht bewährt, trotz der ihr nachge=
rühmten Eigenschaften des raschen Wachsthums, sowie der Wider=
standsfähigkeit gegen Dürre und Bora. Die Silberlinde wurde
zur Flugsandbewaldung, mit Erfolg in Ungarn (Temeser Komitat)[1]
angebaut. Die Esche dient als Aufforstungsmaterial für das
südrussische Steppengebiet, ebenso Ulme und Ahorn. Zur Sumpf=
aufforstung soll die Esche ebenfalls mit Erfolg verwendet worden
sein[2], wenn die obenauf liegenden Wurzeln mit Schlammhügeln
bedeckt werden; uns will diese Methode sehr problematisch er=
scheinen. Die Weißerle[3] hat sich auf Kallödland (Hainberg
bei Göttingen) bewährt. Der Goldregen[4] wird zur Bestockung
für verödete Muschelkalkhänge, seinem bevorzugten Standort, em=
pfohlen. Wegen seiner alljährlichen reichen Samenproduktion, der
langjährigen Keimkraft des Samens selbst unter ungünstigen Ver=
hältnissen, und seines günstigen Ausschlagsvermögens wäre für
die genannten Oertlichkeiten ein Anbauversuch (Niederwald mit
18jährigem Umtrieb) jedenfalls empfehlenswerth, umsomehr als
das Holz an Brennwerth dem der Buche beinahe gleichsteht und
wegen seiner Zähigkeit, Spaltbarkeit und Dauer gewiß auch Ver=
wendung zu Nutzzwecken (Schiffsnägeln, Rebpfählen 2c.) finden
würde. Ferner werden als anbauwürdig genannt: Die Ost=
heimer Weichselkirsche[5] zur Aufforstung von kahlen Berg=
hängen, zumal des Karstes, der Perrücken= und der Zürgel=
baum für geeignete Stellen am Karst (v. Guttenberg[6]). Der
Götterbaum wurde zur Flugsandkultur zuerst in Südrußland

---

[1] Oesterreichische Forstzeitung 1888, Nr. 9.

[2] Die Esche eignet sich am besten zur Bepflanzung der Sümpfe
(Allgemeiner Holzverkaufs=Anzeiger 1894, Nr. 21, S. 279).

[3] Merkel, G.: Die Aufforstung der öden Kalthöhen des Hainberges
bei Göttingen in den Jahren 1871—1882. Göttingen 1882.

[4] Frömbling: Der Goldregen (Cytisus laburnum) und seine
forstliche Bedeutung (Zeitschr. f. Forst= u. Jgdw. XVIII. Jhg. 1886, S. 87).

[5] Oesterreichisches landwirthschaftliches Wochenblatt 1880, No. 32.

[6] Oesterreichische Forstzeitung 1888, Nr. 8.

von Graf Lambert (1846)[1]) angewendet. Er verdient Beachtung wegen seines Bodenbindungsvermögens, auch bei der Verbauung von Wasserrissen im Hochgebirge und für die Bewaldung von sonstigem Oedland. Seine Wurzelrinde dient als Heilmittel; die Blätter finden Verwendung zur Seidenraupenzucht (Bombyx Cynthia), enthalten aber einen harzigen, für alles Geflügel giftigen Saft. Das eschenähnliche Holz ist vielfältig zu Tischlerarbeit verwendbar, z. B. zur Herstellung gebogener Möbel ꝛc. Der Gummibaum (Eucalyptus) in seinen verschiedenen Arten kann nur für das südeuropäische Oedland in Betracht kommen, da er ungemein frostempfindlich ist. Er erfriert selbst in Italien in kalten Wintern. Seine Haupteigenschaft besteht darin, daß er, in Sümpfen angebaut, die Gegend malaria=frei und somit bewohnbarer macht (Kloster Tresontane bei Rom). Aus diesem Grunde wird er auch eifrig von den Bahnen Süditaliens in den dortigen Malaria= gegenden angepflanzt. Das Holz ist harzreich, gibt ein gutes Brennholz und soll nach M. Francesco Lubeiro[2]) (einem portu= giesischen Forstbeamten) das einzige Schiffsbauholz sein, welches der Bohrmuschel widersteht. In Algier, wo Eukalyptus gut ge= deiht, wird das eichenharte Holz schon 10 jähriger Bäume zu Telegraphenstangen und Eisenbahnschwellen benutzt.

b. Bodenvorbereitung.

Bei weitem das meiste Oedland läßt sich nicht ohne weiteres in forstliche Kultur nehmen; es bedarf vielmehr einer entsprechenden Bodenvorbereitung. Wir haben es hier hauptsächlich mit drei verschiedenen Arbeiten zu thun, die je nach der Beschaffenheit des Oedlands nothwendig werden und zwar Entwässerung, Bodenbindung und Bodenlockerung bzw. Umbruch.

Entwässern müssen wir die nassen Haiden, sofern sie nicht

---

[1]) Brief aus Frankreich (Allg. Forst= u. Jgbztg. 1863, S. 312).

[2]) Siemoni, G. C.: Die Eukalyptus=Kultur in Italien (Allg. Forst= u. Jgbztg. 1879, S. 413).

[3]) v. W.: Der Eukalyptus und die Bohrmuschel (Ctbl. f. d. g. Forstw. 1881, S. 131).

gar schon Moor geworden sind, dann die Moore selbst, was besonders aber für den landwirthschaftlichen Anbau gilt, und überhaupt jedes Oedland, welches durch übergroße Feuchtigkeit die forstliche Kultur hindert. Bodenbindung wird bei zu lockerem oder gar flüchtigem Oedland nöthig, also zunächst beim Sand= öland, dann aber auch bei der Aufforstung von beweglichem Gebirgsöland. Bodenlockerung bzw. Bodenumbruch aus ver= schiedenen Gründen finden wir eigentlich nur bei einer Kategorie von Oedland, dem Haideöland, besonders wenn es sich um die Kultivirung von Haiden mit Ortstein handelt.

Wie die Entwässerung vorzunehmen ist, muß stets nach den örtlichen Verhältnissen entschieden werden. Hier genügt ein einfaches System von Entwässerungsgräben (Haupt= und Neben= gräben), sogar oft schon die Herstellung bloßer Zickergräben; dort hingegen muß eine förmliche Kanalisation (Landes, holländische Moore ꝛc.) stattfinden. In Bezug auf ersteres können wir auf die Waldbaulehre [1]) verweisen; letztere ist eine Specialaufgabe des Wasserbautechnikers.

Flüchtiges Oedland, also vor allem Flugland, bedarf vor seiner forstlichen Kultur der Bindung. Dies wird erreicht durch eine entsprechende Deckung, oder Erzeugung einer gewissen Sand= vegetation. Ersteres ist vorzugsweise die Methode beim Binnen= sand, letzteres bei der Düne.

Von allen üblichen Deckmaterialien (Aeste, Strauchwerk, Stroh, Schilf, Haidekraut ꝛc.) scheinen uns die Plaggen von Moor= oder Haideflächen, sofern man sie haben kann, die besten zu sein. Auch durch Aufbringen von Erde oder Lehm (Forstrath Hansen) wird Flugland zweckmäßig gebunden; die Methode ist aber sehr kostspielig und nicht überall anwendbar. Gedeckt wird, je nach Umständen, voll oder stellenweise. Was die vorzunehmenden Arbeiten selbst betrifft, so ist es vortheilhaft, die zu bindenden Orte geradlinig zu arrondiren, mit Wall und Graben zu versehen

---

[1]) Heyer=Heß: Der Waldbau oder die Forstprobuktenzucht. 4. Aufl. Leipzig 1893, S. 91—98.

und die Firſte und Köpfe der Sandberge abzurunden. Die Deckung erfolgt von der Windſeite her. Hat man Raſenplaggen zur Verfügung, ſo iſt eine netzförmige Deckung am Platze; die Maſchen werden nach Bedarf enger oder weiter angelegt, an Hängen 1 m Seitenlinie, in den minder gefährdeten Niederungen 1,50—2,50 m Seitenlinie. An beſonders exponirten Stellen kommt eine Plagge in die Mitte des Quadrats. Iſt der Sand ſehr fein, ſo muß voll gedeckt werden, d. h. aber die Plaggen kommen ſo dicht aneinander, daß noch eine Spalte von etwa 10 cm zur Aufnahme der Pflanze übrig bleibt. Die Plaggen ſind ſo nah als möglich heranzufahren, dann aber auf Tragbahren weiter zu ſchaffen. Auch Moosplaggen thun unter Umſtänden gute Dienſte; man muß ſie aber durch Pflöcke oder Steine befeſtigen.

In neuerer Zeit wird (beſonders im Marchfeld) zur Bindung des Flugſandes und als Schutz für den Holzanbau der Topi=nambur ¹) (Helianthus tuberosus L.) benutzt. Dieſes Mittel iſt als ſicher und wohlfeil beſtens zu empfehlen. Binnen 4—6 Wochen iſt mittels Topinambur ein Schutzmantel geſchaffen und der Flugſand gebunden. Die ſüßlichen, wohlſchmeckenden, der Kartoffel ähnlichen Knollen geben zugleich einen landwirthſchaft=lichen Ertrag und ein gutes Wildfutter. Angebaut und behandelt wird der Topinambur wie die Kartoffel; jedoch ſoll der Reihenabſtand und die Knollenentfernung genau 30 cm betragen. Die Knollen ſind 15—20 cm tief zu legen. Das neueſte vom Franzoſen Vuillot²) empfohlene Bindemittel für Flugſand iſt die ſibiriſche Pflanze Polygonum Sachalinense, welche bei der behufs Bahnbau nöthigen Feſtlegung der Sandſchollen der Sahara Anwendung finden ſoll. Der Pflanze werden außerordentliche Triebkraft, Widerſtandsfähig=

---

¹) Fiſcher, Edmund: Die Aufforſtung des Marchfelder Flugſand=bodens mit Verwendung des Topinambur als Schutzmittel (Oe. V. f. F. 1885, S. 243).

²) Feſtigung der Dünen in Süd=Algier. (Aus den Mittheilungen der Geographiſchen Geſellſchaft in Wien) — (Ctbl. f. d. g. Forſtw. 1894, S. 137).

keit gegen Hitze und Kälte, Anpassungsvermögen für jedes Erdreich und Klima nachgerühmt.

Die Verhinderung der Dünenbildung ist unmöglich; man muß sie sogar in gewissem Grade begünstigen. Eine Düne muß die andere und das dahinter liegende Land schützen. Der Dünen= bau ist zwar mehr Sache des Wasserbautechnikers als des Forst= mannes; dennoch wird auch dieser unter Umständen in die Lage kommen, dabei thätig zu sein. Wir wollen hier zwei Methoden des Dünenbaues, welche uns typisch erscheinen, anführen. Man könnte sie als die deutsche[1]) und die französische Methode be= zeichnen.

Zuerst muß die Vor= oder Schutzdüne, d. h. ein ca. 4—5 m hoher und 30—40 m breiter, mit Strandgräsern be= wachsener Wall künstlich hergestellt werden. Dieser soll die im sog. Kupfenterrain — so wird das Terrain zwischen Schutz= und Wanderdüne mit unzähligen Sandhügeln („Kupfen“) bezeichnet — anzulegenden Kulturen schützen. Die Kupfen sind spärlich mit Strandgräsern bewachsen, und zwischen ihnen birgt sich der ge= fürchtete Triebsand. Die Anlage der Vordüne wird bewerkstelligt mittels Arundo= und Elymusbüscheln, parallel zur Küste in zwölf je 0,5 m von einander entfernten Reihen, so daß ein Grasstreifen entsteht, der von der See bei mittlerem Wasserstande mindestens 80—90 m entfernt ist. Diese Arbeiten werden im Herbst vorge= nommen. Durch Uebersandung entsteht noch in demselben Jahre ein etwa 40 cm hoher Wall. Im nächsten Herbst ist die Vor= düne bereits 1 m hoch; die Sandgräser wachsen fort. Nach 8—10 Jahren ist die Düne fertig und gibt Schutz; sie bedarf aber ständiger Nachbesserung, was sehr wichtig ist. Die Fest= legung der eigentlichen Dünen erfolgt durch Bestrauchung und Holzanbau, die des Kupfenterrains mittels Strand= graspflanzung und darauf folgender Bestockung. Zur Be=

---

[1]) Schwed: Die Festlegung und Aufforstung der Wanderdünen auf der kurischen Nehrung (Ztschr. f. Forst= u. Jgdw. XXVI. Jhg. 1894, S. 827).

strauchung dient kiefernes Durchforstungsreisig, welches auf 60 cm (vom starken Ende her) gekürzt wird. Das Reisig wird in Gebunde von 3—4 m Länge aufgearbeitet und in Raummeter (rm) gesetzt. Für 1 ha Düne sind 120 rm nöthig. Von diesem Reisig wird nach dem Ablängen das stärkere zur Festlegung der Dünen genommen; das schwächere wird fein gehackt und findet Verwendung als Einstreumaterial schon bepflanzter Flächen zum Schutz gegen Versandung und Austrocknung (pro ha 65 rm). Die zu bestrauchende Fläche wird unter gleichzeitiger Rücksichtnahme auf die nöthigen Transportwege in 16 qm große Felder zerlegt; an besonders exponirten Lagen werden die Felder nur 4 qm groß gemacht. Dann wird das Reisig, den Umfassungslinien der Felder entsprechend, mit dem Keilspaten 20 cm tief eingesetzt, so daß ca. 40 cm hohe Reisigzäune entstehen. Gegen die Windseite wird außerdem, um vor Versandung zu schützen, ein etwa 60 m breiter Schutzstreifen von Rohr in der Weise angelegt, daß 15 Reihen je 4 m von einander entfernte Rohrzäune, den Reisigzäunen ähnlich, entstehen. 1 rm Rohr gibt 160—180 laufende Meter Rohrzaun. Nach Beendigung dieser Arbeiten werden sogleich innerhalb jedes i. d. R. 16 qm haltenden Reisigquadrats gedüngte Pflanzstätten à 1 qm, also 16 pro Feld angelegt, die bis zum eigentlichen Pflanzgeschäft im Frühjahr liegen bleiben. Als Dünger wird Baggererde (40 cbm pro ha) benutzt und diese mit dem Dünensand auf ca. 35 cm tief gemischt. Die Kosten betragen pro ha: Düngung und Herrichtung 145 ℳ, Bestrauchung 336 ℳ, mithin bis zur für Holzkultur geeigneten Herstellung 481 ℳ. Behufs der Strandgraspflanzung auf dem Kupstenterrain, wird dieses zunächst planirt und in 4 qm große Felder getheilt, welche an ihren Umfängen Keilbüschelpflanzung von Strandgräsern und im Innern noch je 7 Büschel erhalten. Nach einigen (5—6) Jahren sterben zwar die Pflanzen ab, der Zweck ist jedoch erreicht, die Benarbung eingetreten und der Boden für die forstliche Kultur nunmehr geeignet. Für die Festlegung mittels Strandgraspflanzung bedarf man pro ha 2 500 Gebunde (18—20 cm stark) Sandgräser. Die Kosten betragen 200 ℳ pro ha.

Andere Methoden[1]) der Bindung bestehen darin, daß man
die Düne sogleich bloß mit S t r a n d g r ä s e r n bepflanzt (Graben=
pflanzung) oder besäet. Für Saaten (Furchensaaten von 10 cm
Tiefe) braucht man pro ha ca. 2 hl von Arundo oder 4 hl
Elymus. Ersterer reist Ende August, Anfang September, letzterer
Ende Juli bis Mitte August. Die Rispen werden an trockenen
Orten luftig aufbewahrt und bei strengem Frost gedroschen, da
die Samen sehr fest sitzen. Auch H a i d e b a l l e n p f l a n z u n g hat
sich gut bewährt, besonders dort, wo die Düne den Ueberfluthungen
des Meeres nicht mehr ausgesetzt war. Natürlich ist das Vor=
handensein von hierzu tauglichem Material in der Nähe oder die
Möglichkeit dasselbe anzuziehen, vorausgesetzt. Die früher üblichen
C o u p i r z ä u n e glauben wir in Anbetracht ihrer Kostspieligkeit
und verhältnißmäßigen Wirkungslosigkeit übergehen zu können.

Ganz abweichend hiervon ist das in den f r a n z ö s i s c h e n
D ü n e n angewendete Verfahren[2]). Etwa 200 m vom Wellen=
bereich entfernt wird parallel zur Küste die Schutzdüne in der
Weise angelegt, daß eine Palissadenwand aus Brettern gebildet
wird. Die Bretter sind 20 cm breit und 3 cm von einander
entfernt; sie sind also eigentlich eine Art Coupirzaun. Der aus=
geworfene Sand lagert sich hinter diesen Brettern ab, indem er
theils über sie, theils durch die Zwischenräume eindringt. In
dem Maße als der Sand sich anhäuft, werden die Palissaden
in die Höhe gezogen, so daß eine immer höher werdende Düne
entsteht, die — bei einer endlich erreichten Höhe von 10—12 m —
das weitere Ueberwehen des Meeressandes verhindert und dem
dahinter liegenden Terrain bereits Schutz gewährt. Zur Façoni=
rung dieser Düne dienen im Winter eingefügte Reisigbündel von

---

[1]) K r a u s e , G. C. A.: Der Dünenbau auf den Ostsee=Küsten West=
Preußens. Berlin, 1850. — W i l l k o m m , Dr.: Die Dünen an den west=
und ostpreußischen Küsten (Krit. Bl. 47. B. 1865, 2. H. S. 170).

[2]) V a s s e l o t d e R é g n é , M. de: Notice sur les dunes de la
Coubre. Paris 1878. — B o h n h o f , E.: Die Dünen der Halbinsel „La Coubre"
(Forstl. Bl. N. F. 1886, S. 150).

Arundo. Nun werden die Befestigungsarbeiten des hinter der Schutzdüne liegenden Terrains begonnen. Als erste Etappe wird ein etwa 300 m breiter Landstreifen von verschiedener Länge, ev. durch Seitenpalissaden abgegrenzt, in Angriff genommen. Gegen Verwehungen von der Landseite her schützt eine sogenannte „fliegende Palissade". Hierauf beginnt von Oktober bis Mai die Einsaat; hier geht Holzanbau (Seestrandskiefernsaat, 30 kg pro ha) mit der Ansaat von anderen Strandgewächsen (Arundo, Ulex, Sarothamnus) gleichzeitig vor sich. Als Deckung dienen pro ha 2500 Bündel von Ulex, Sarothamnus, Erica, auch Kiefernzweige, Gräser, Schilf.

Zur Bindung lockeren Terrains, besonders bei Auf= forstungen von Gebirgsödland, sind Horizontalzäune (Cordons) von Prunus Brigantiana¹) (Prunier Briançon), wie solche bei den französischen Wiederbewaldungsarbeiten sich bewährt haben, empfehlenswerth. Die Zwischenräume werden mit Esparsettensaat befestigt und können dann der forstlichen Kultur überlassen werden.

Die dritte Bodenvorbereitungsarbeit ist die Bodenlockerung (Durchlüftung, Umbruch). Sie wird entweder auf der ganzen anzubauenden Fläche ausgeführt (voller Bodenumbruch) oder nur stellenweise (Streifen oder Plätze), entweder durch Pflügen (Dampf= und Gespann=Kraft), oder durch Rigolen (Handarbeit). Pflügen und Rigolen sind einander verwandt, da beide das Heraufschaffen fruchtbaren Erdreichs an die Oberfläche, Bodenlockerung und Durchlüftung, also ein förmliches Umstürzen des Bodens bezwecken. Sie sind aber durch die angewandten Mittel (Menschen=, Gespann= und Dampfkraft) und Instrumente (Pflug und Spaten) und durch die Intensität und räumliche Ausdehnung der geleisteten Arbeit von einander zu unterscheiden. Das Pflügen, mit dem zugleich das Beseitigen des Bodenüberzugs verknüpft ist, erfolgt entweder durch Gespanne oder mittels Dampfpfluges. Locale Verhältnisse entscheiden, ob das eine oder andere anzuwenden ist. Unserer

¹) von Raesfeldt, Freiherr: Eine forstliche Reise im südöstlichen Frankreich (Forstw. Ctbl. 1884, S. 176).

Ansicht nach gehört aber dem Dampfpflug, den die Technik seither in ausgezeichneter Weise verbessert hat, besonders bei Oed= landsaufforstungen auf Haideflächen in größerem Umfange, ent= schieden die Zukunft. Die Vor= und Nachtheile dieser Kultivirung, welche bei einem Calcul Beachtung verdienen, sind folgende. Als Vortheile sind zu nennen: raschere Arbeit, wodurch größere Flächen in Kultur genommen werden können, was bei aufzu= forstenden angekauften Oedländereien von größerem Flächenumfang wegen der Verzinsung des Ankaufspreises nicht unwichtig ist, ferner bessere und tiefere Bodenbearbeitung, wodurch besseres Gedeihen der Kulturen gewährleistet wird. Diesen stehen als Nachtheile gegenüber: die hohen Anschaffungskosten, der schwierige Transport auf Straßen und über Brücken (Einbruchsgefahr), die schwierige, mitunter unmögliche Bewegung auf nassem Boden, die Arbeitsstörung bei Maschinenbeschädigung, die schwierige Wasserbeschaffung in trockenen Gegenden ꝛc. Trotz alledem ist der Dampfpflug in erfolgreiche Konkurrenz mit der Gespannarbeit getreten und hat diese stellenweise schon ganz verdrängt, besonders seitdem sich Unternehmer für Dampfpflügen im Accord gefunden haben. Die gebräuchlichsten Systeme sind das Zweimaschinen= system von Fowler und das Einmaschinen= oder Umkreise= lungssystem von Howard. Bei ersterem läuft der Pflug (Balancierpflug) an einem Drahtseil zwischen zwei nach Maßgabe der bearbeiteten Fläche sich fortbewegenden Locomobilen; bei letzterem ist nur eine Maschine vorhanden und der Pflug geht an Drahtseilen um verankerte Rollen hin und her.

Das Howard'sche System findet besonders bei der Auf= forstung der schleswig=holstein'schen Haiden, der Fowler'sche Pflug im Haideödland Hannovers seine Anwendung. In seiner neuesten Einrichtung als Dampfrigolpflug wühlt er den Boden bis zu 70 cm auf und lockert ihn außerdem mit einem Grubber=Zinken noch bis zu 1 m Tiefe. Diese tiefe Lockerung ist aber nicht über= all nöthig. In der Regel werden 4,50 m breite Streifen 50 bis 60 cm tief gepflügt und behufs Kostenersparniß und dauernder Bodendurchlüftung, auch zur Verhinderung von Sandwehen, 1,4 m

7

breite Balken unbearbeitet gelassen. Der Dampfpflug bearbeitete
täglich (gegenüber der Gespannleistung von 0,75 ha) 5—6 ha und
beliefen sich hierfür die Kosten bei dem, durch die doppelte Be=
nutzung des Dampfes vermittels des Compoundsystems an den
Locomotiven, geringen Verbrauche von nur 12,52 q Kohlen und
5 cbm Wasser pro Tag auf 50 ℳ pro ha, während Handrigolen
etwa 200 ℳ pro ha kostete[1]).

Das Pflügen mit Zugthieren ist ein Doppelpflügen, indem
hierbei zwei Pflüge hintereinander arbeiten. Der erste räumt den
Bodenüberzug fort und lockert bzw. stürzt den Boden nur auf ge=
ringere Tiefe, der zweite schwerer gebaute von mitunter 6—10
Pferden gezogene Pflug besorgt die tiefere Bodenlockerung. Nie=
mals wird jedoch hier die Tiefe der Dampfpflugarbeit erreicht.
Voller Bodenumbruch wird, weil zu kostspielig, soviel als möglich
vermieden, dagegen hat Streifenpflügen die meiste Verbreitung ge=
funden. Bloßes Furchenpflügen ist auf Ortstein entschieden zu
verwerfen. Durch Erfahrung hat sich als zweckmäßigste Breite
bei streifenweiser Bodenbearbeitung herausgestellt: für die be=
arbeiteten Streifen 2,60 m, für die unbearbeiteten Zwischenstreifen
(Balken) 1,40 m. Ein Darüberhinausgehen über diese Balken=
weite verzögert den bald gewünschten Bestandesschluß; ein Darunter=
bleiben ist nicht mehr kostensparend und dabei zu wenig für
dauernde Durchlüftung des Bodens förderlich.

Das Rigolen mit Handarbeit findet wegen seiner Kost=
spieligkeit nur beschränkte Anwendung und in der Regel dort, wo
mit dem Pflug der Ortstein nicht durchbrochen werden kann und
man von Rabattirung (wegen Trockenheit) absehen zu müssen
glaubt. Letztere wird auf nassem Terrain, das nicht gut zu ent=
wässern ist, und dort ausgeführt, wo die Holzpflanzen den Ort=
stein mit ihren Wurzeln zu bald erreichen würden. Es ist dies
nichts anderes als eine künstliche Verstärkung des Wurzelraums
mit gleichzeitiger Durchlüftung desselben und Vermehrung der

[1]) Geiß: Zur Aufforstung von Oedländereien mit Benutzung des
Dampfpfluges (Oesterreichische Forst= und Jagdzeitung 1897, Nr. 36, S. 284).

Nährschicht, indem der an die Luft gebrachte Ortstein zerfallend
eine fruchtbare Erde gibt.

c. Holzanbau.

Ist nun der Oedlandsboden, je nach seiner Beschaffenheit,
für die Holzkultur genügend vorbereitet, so kann diese alsbald
vor sich gehen. Ob Saat, ob Pflanzung zu wählen ist, hängt
von der jeweiligen Oedlandsbeschaffenheit ab. In den weitaus
meisten Fällen verdient die Pflanzung den Vorzug. Viele Haide=
ödländer (z. B. Campine in Belgien) und die französischen Dünen
sind durch Saat kultivirt worden und weisen günstige Resultate auf.
Das einfachste Verfahren, besonders in Holland üblich, bestand darin,
daß man die Haide abbrannte und in den jungen zweijährigen
Haidewuchs Kiefernsamen säete und übereggte. Hier fand also
keine weitere Bodenvorbereitung statt. Ein Fortschritt bestand
darin, daß man später die Haide pflügte, eggte und den Samen
einbrachte, der mit dem Schleppbusch eingezogen wurde. Wie
aber zur tieferen Bodenbearbeitung (wegen des Ortsteins) über=
gegangen wurde und außerdem wegen der vielen sonstigen Vorzüge,
welche die Pflanzung an sich besitzt, breitete sich auch die Pflanzung
immer mehr aus.

Ein nach Gerding[1] bewährtes Saatverfahren auf Haide=
ödland besteht darin, den Boden umzupflügen und auf diese rauhen
Flächen zu säen. Der Same wird einmal mit der Waldegge
übereggt. Den Vorteil dieses Verfahrens sucht Gerding darin,
daß immer ein Theil der Saat unbeeinflußt von der Witterung
gedeihen müßte. Der Same wird nämlich zum Theil tief,
mitteltief, flach oder gar nicht untergebracht, wodurch ein Aufgehen
jenes Theils, dem die Witterungsverhältnisse gerade zusagen,
bewirkt wird.

Wenn die mit dem Dampfpflug gezogenen Furchen mit
Dampfeggen und Walzen hergerichtet werden würden, die zugleich

---

[1] Einige bei Erziehung von Kiefernbeständen durch Pflanzung und
Saat gemachte Beobachtungen (Forstl. Bl. N. F. 1886, S. 59).

7*

die Aussaat bewirken müßten, so wäre die Saat, vom Standpunkte der Kostenersparniß, vielleicht nicht ganz zu verwerfen, da die derzeit zur Verwendung gelangenden Kiefernpflänzlinge meist nur einen Altersvorsprung von einem Jahre hätten.

Für verödete Hochgebirgsflächen aber ist die Saat auf Schnee besonders geeignet. Unerläßlich hierbei ist das Legen von horizontalen Riesen an den Hängen schon im Herbst, in welchen die mit Schnee oder Regen abgehenden Samen ein geeignetes Keimbett finden.

Bei der Bepflanzung von Oedlandsflächen kommen ver= schiedene Fragen zur Erwägung. In welchem Alter sollen die Pflänzlinge verwendet werden? Sollen wurzelfreie oder Ballen= Pflanzen genommen werden? Soll im Verband oder unregelmäßig gepflanzt werden? Soll Einzel= oder Büschelpflanzung stattfinden? Soll man reine oder gemischte Bestände erziehen? Wann soll gepflanzt werden und schließlich, welches sind die bewährten Pflanz= verfahren? Alle diese Fragen können nicht allgemein giltig be= antwortet werden, da jedes Oedland seine besonderen Eigenthüm= lichkeiten hat.

Während auf der Lüneburger Haide in dem dampfrigolten Boden Kiefernjährlinge und Fichten im 2jährigen Alter u. zw. als Saatpflanzen verwendet werden, haben sich auf den Oedländereien der Eifel Fichtenschulpflanzen von 3—4jährigem Alter, in Büschel gesetzt, bewährt. Wir wollen zweckmäßiger Weise jede Oedlands= kategorie, ob Haide, ob Sand, ob Karst, ob Moor für sich be= trachten und die mit der Aufforstung gemachten Erfahrungen rücksichtlich vorstehender Fragen besprechen.

Auf dem Haideödland kommen zur Zeit hauptsächlich Kiefer und Fichte, auch wohl an geeigneten Plätzen Eiche (meist Steckfaat) zum Anbau. Die Kiefer wird 1—2jährig, die Fichte 2—3jährig, in der Regel als wurzelfreie Saat= und Schulpflanze ver= wendet. Im holländischen Gelderland[1]) wird Kiefernballenpflanzung mit 4jährigem aus Saaten genommenem Material mittels eines

---

[1]) Grunert: a. a. O. S. 37.

kegelförmigen Hohlspatens in 1,25 m Dreiecks=Verband ausgeführt. Der durch das Pflügen gelockerte Haideboden ermöglicht auch die Spalt= oder Klemmpflanzung, welche mit den verschiedensten Instrumenten am meisten im Gebrauche ist. Man pflanzt in regelmäßigen Verbänden, meist im Reihenverband, und nimmt schon bei der Begründung Rücksicht auf die Mischung des zu= künftigen Bestands. In den Hannover'schen Haiden wird die Kiefer, wenn sie nicht als bloße Vorkultur für Laubholz zu gelten hat, je nach der Bodengüte mit der Fichte zu $^1/_5$—$^1/_4$ gemischt. In den schleswig=holstein'schen und jütländischen Haiden[1]) mischt man die Fichte mit der Bergkiefer zu 30—50$^0/_0$, sogar 75"$/_0$. Die französischen Landes dagegen tragen fast reine Seekiefernbestände, auf den besseren Bodenpartieen sogar Eichen von hervorragendem Wuchs. Die Pflanzung erfolgt vornehmlich auf den Pflugstreifen, mitunter werden auch die Balken mit hierzu herangezogen, be= sonders dort, wo sie sehr breit gelassen werden, wie in Ostfries= land[2]). Die hier 17 m breiten Balken werden mit Rabatten versehen und diese bepflanzt. In ortsteinfreier Haide macht man auch wohl bloß Pflanzplatten von etwa 50 cm im Quadrat. In Jütland[3]) ist eine Art „Kammkultur" gebräuchlich, ähnlich dem Kartoffelbau. Es werden Kämme zusammengepflügt und auf diese allein, oder auch noch in die Vertiefungen die Pflanzen gesetzt. Das Pflanzgeschäft erfolgt gewöhnlich im Frühjahr, nachdem im Herbst des vorhergehenden Jahres die Bodenbearbeitung stattgefunden, und der Winterfrost die Schollen zermürbt hat.

Beim Sandödland ist die Hauptpflanze die einjährige, wurzelfreie, aber langwurzelige Saatkiefer und das gebräuch= lichste Pflanzverfahren die Spaltpflanzung.

Ballenpflanzung kommt wegen der schwierigen Beschaffung des Materials nunmehr seltener vor. Als eine Art Ballenpflan=

---

[1]) Burckhardt, Dr. H.: Die Forstkultur in Jütland. (Aus „Tids= skrift for Skovbrug", 1877, II. B.) — (A. b. W. IX. H. 1879, S. 167).

[2]) Gerdes: a. a. O. S. 34.

[3]) Burckhardt, Dr. H.: a. a. O.

zung kann man die jog. Scherbenpflanzung[1]) (nach Forstmeister Riedl) bezeichnen. Die Pflänzlinge kommen in 16 cm hohe und 6 cm weite Töpfe, die aus Erde und Dünger angefertigt werden. Diese Töpfe, welche nicht gebrannt sein dürfen, werden mit Erde gefüllt und sammt den Pflanzen ausgesetzt. Die Wurzeln nehmen ihre erste Nahrung aus der Topferde und brechen dann später durch die Topfwände. Das Eingangsprocent wird mit nur 2—3 angegeben. Trotzdem dürfte die Methode zu kostspielig sein. Eine andere Methode[2]) (Schlammmethode) wird auf den Flugsand= flächen der Gräflich Esterházy'schen Herrschaft Gács im Komorner Komitat (Ungarn) angewendet. In dem Boden wird mittels eines konischen Pflanzenbohrers ein Loch gestoßen, die Pflanze hinein= gehalten und Schlamm darum gegossen. Dieser besteht aus ⅓ guter Walderde und ⅔ Wasser, darf nicht zu dick oder zu dünn, sondern muß zähflüssig sein. Das Versetzen von 1000 Stück Pflanzen auf diese Art kostet etwa 1,70 *ell.* Der Methode wird ein geringes Eingangsprocent (15%) nachgerühmt. An anderen Orten[3]) mit dieser Methode angestellte Versuche ergaben aber Eingangsprocente bis 50, während die sonst übliche Pflanzung mit Beigabe von gewöhnlicher Erde allerdings wohl auch 40% Eingang zeigte — für Flugsandkulturen nichts ungewöhnliches — dafür aber auch nur die Hälfte (etwa 80 ₰ für das Versetzen von 1000 Pflanzen) kostete. Eine dritte Methode ist nach Oberförster Cusig[4]) folgende, wenn es sich darum handelt, Kiefernballen= pflanzen haben zu müssen und kein Ort vorhanden ist, sich diese zu erziehen. Im Sand werden Löcher gemacht, die Pflanzen hineingehalten und mit einem Lehmguß umgeben (ähnlich der Schlammmethode). Nunmehr wird der Lehm fest und bildet gleich=

---

[1]) Pijo, Cornelius S.: Ein neues Aufforstungsverfahren. (Aus Erdészeti lapok, 1881, Heft 1) — (Ctbl. f. d. g. Forstw. 1881, S. 171).

[2]) Wellebil, Carl: Eine neue Culturmethode für Flugsandflächen (Ctbl. f. d. g. Forstw. 1882, S. 7).

[3]) Böhm, Carl: Eine neue Culturmethode für Flugsandflächen (Ctbl. f. d. g. Forstw. 1882, S. 249).

[4]) Jahrbuch des Schlesischen Forstvereins pro 1875, S. 251.

sam einen Ballen. Nach längerer Zeit, gewöhnlich im Herbst, werden die Pflanzen sammt diesen Ballen herausgenommen und versetzt. Die Methode ist sehr kostspielig; 100 Ballen kosten 70 Kr.

Hier möge auch noch eine für Sandschollen empfohlene Kultivirungsmethode Erwähnung finden, nämlich die Berieselung mit Cloakenwasser, nach Georg H. Gerson [1]. Die hohen Kosten (258 fl pro ha) und die Unmöglichkeit sie überall anzuwenden, verhindern die Anwendung dieser sonst vortrefflichen Methode.

Außer der Kiefer wird, besonders in ungarischen Flugsand= flächen, die Pappel und Akazie angebaut. Erstere wird als Steckling oder Setzstange, letztere als Saatpflanze, auch gestümmelt, verwendet. Auch mit Pappelästen wurde schon die Aufforstung von Flugsandflächen mit Erfolg versucht (Forstinspektor Pfaff zu Jugenheim [2]).

Der Hauptrepräsentant für Kalködlandsaufforstung am Karst ist die Schwarzkiefer, welche in der Regel als zweijährige Saatpflanze in Verwendung kommt. Für die deutschen Oedlandsflächen auf Kalk leistet die Kiefer wohl auch zufrieden= stellendes; sie dürfte aber auch hier durch die Schwarzkiefer zu ersetzen sein. Am Karste gibt es eigentlich nur zwei mit Erfolg angewendete Methoden, wieder Wald auf den Oedungen zu begründen [3]. Die eine, ist bloß eine Hegelegung jener Gebiete, in denen sich noch Gestrüpp und Ueberreste der früheren Waldvegetation vorfinden; die andere ist die künstliche Kultur mittels der bewährten Grabenpflanzung.

Die Hegelegung bezweckt das Abhalten des Weideviehs durch Trockenmauern, damit die vorhandenen Stöcke der Laubhölzer ungeschädigt Loden treiben können. Die Arbeit des

---

[1] Die Feldberieselung mit städtischem Cloakenwasser ꝛc. Berlin 1882.

[2] Das hessische Staatsrecht, 9. Buch. Vom Forstwesen. Darmstadt u. Leipzig 1835, 2. Band, 1. Abtheilung, S. 28 (§. 9. Kultur des Flug= sandes insbesondere).

[3] Malbohan, E.: Der Karst in dem ehemaligen Militärgrenz= Litorale und dessen Aufforstung (Ctbl. f. d. g. Forstw. 1885, S. 358).

Kultivators besteht hier nur in der Errichtung von Trockenmauern und in der sogenannten „Stocktriebsetzung". Die Trocken=mauern werden aus Steinen 1,50 m hoch und 1 m breit herge=stellt, halten bis 16 Jahre und kosten pro laufenden Meter 25—45 kr. ö. W. (= 40 — 70 ₰). Die derart eingehegten Schonungen bleiben ruhig liegen. Im ersten Jahre zeigt sich bereits üppiger Graswuchs; im zweiten Jahr kommen die Stockloden. Nun erfolgt die Stocktriebsetzung, indem mittels einer eigens construirten Scheere die Loden abgeschnitten werden. Diese Scheere schneidet die härtesten Holzarten bis zu 8 cm Stärke und verrichtet bessere Arbeit als alle anderen Instrumente. Das Stocktriebsetzen kostet pro Joch (= 0,57 ha) 4—5 fl. ö. W. (= 7—8 ℳ). Früher, ohne Anwendung der Scheere, betrugen die Kosten 10—12 fl. ö. W. (= 17—20 ℳ). Durch diese Methode wurden Flächen, welche noch vor wenigen Jahren kahl waren, in Dickungen umgewandelt, die schon sogar dem Rehwild Schutz gewährten. Größere Lücken werden unregelmäßig mit 2jährigen Schwarzkiefern bepflanzt.

Die Grabenkultur besteht darin, daß Gräben von ca. 30—35 cm Tiefe und etwa 20 cm Breite, rechtwinkelig zur Windrichtung, in Abständen von 1,50—2 m gezogen werden. In diese Gräben wird nun dicht (25—35 cm) gepflanzt. Zum Schutz gegen Sonne und Wind erhält jeder dritte bis vierte Graben eine 40—50 cm hohe und 30—40 cm breite Trocken=mauer. Diese Schutzmauern in anderer Form (gegen Bora) ca. 1,20—1,50 m hoch, sumpfwinkelig in Entfernungen von 150—200 m angelegt, empfahl schon von Pannewitz (1866)[1]. Alle anderen Kulturmethoden, wie auch die Hügelpflanzung, zu welcher die Erde aus den Dolinen und Steine als Deckung ver=wendet wurden, haben sich nicht bewährt. Die Kosten der Graben=pflanzung betragen pro Joch (= 0,57 ha) etwa 40—58 fl. ö. W. (= 75—100 ℳ).

Wo die Grabenkultur nicht möglich ist, greift man zur

[1] Der Karst, eine Wüste oder ein Stein=Meer bei Triest (Forstl. Bl. 12. Heft, 1866. S. 77).

Plattenpflanzung; hier werden Platten von 30 cm □ im Verband von 1—2 m hergestellt und bepflanzt.

Die Moore der Ebene sollen unserer Ansicht nach nicht der Forstkultur im Großen zugewiesen werden. Handelt es sich aber um kleinere Schutzanlagen oder um Aufforstungen von Hochmoor im Ge= birge, so ist eine solche nach vorhergegangener Entwässerung nicht schwer auszuführen. Es empfiehlt sich stärkeres verschultes Material zu nehmen (Auffrieren) und die Pflanzung mittelst Spaten wie ge= wöhnlich vorzunehmen. Auf sumpfigen Flächen ist sog. „Klumps= kultur" [1] am Platze, die eigentlich eine Art „Manteusselei" im Großen darstellt. Es werden hierbei Erdhügel (Klumps) von 3—5 m, auch 6—10 m Durchmesser in etwa 16 metrigem Verband aufgeworfen. Die benöthigte Erde entnimmt man den Ent= wässerungsgräben. Jeder Klumps wird mit einem etwa 90 cm breiten und 1,30 m tiefen Graben umgeben, die wieder unter= einander in Verbindung stehen. Für 1 ha sind rund 44 Klumps nöthig, welche etwa 26 ℳ kosten (incl. Verbindungsgräben). Die Bepflanzung erfolgt mit 15—20 drei= bis vierjährigen Fichten pro Klumps und kostet pro ha rund 31 ℳ. Die Gesammtkosten pro ha betragen demnach etwa 57 ℳ. Die Klumps können natürlich auch in engerem Verbande angelegt werden. Der hier angegebene weitere Verband war nöthig wegen Weideberechtigungen, damit Weide zwischen den Klumps entstand. Diese Methode wurde mit Erfolg auf der sumpfigen, öden Hochebene des Rein= hardswaldes am Weserthale ausgeführt.

Die russischen Steppenanpflanzungen werden in 2 m weitem Reihenverband mittels Pflanzstocks ausgeführt. In den Reihen stehen die Pflanzen dichter (36 cm). Der weite Reihenverband ist durch die jährlich 2—5 mal nöthigen Unkrautjätungen mittels des Pfluges geboten. Die Kosten sind sehr hoch: 770 ℳ pro ha.

---

[1] Bauer, W.: Eine auf Oeden und sumpfigen Waldhuteländereien ausgeführte sog. Klumpskultur (Allg. Forst= u. Jgdztg. 1884, S. 366).

C. Die Holzproduktion auf Oedlandsflächen.

Die Erfahrungen, welche hinsichtlich der Holzproduktion auf Oedland vorliegen, sind bisher sehr spärlich in der Litteratur vertreten. Das verhältnißmäßig geringe Alter der Oedlandsauf= forstungen gewährt noch kein abschließendes Bild über die zu er= wartenden Erfolge, sondern läßt nur Schätzungen zu. Andierer= seits ist es auch nicht ganz zutreffend von Beständen, welche vor vielen Jahren begründet wurden, auf die Leistungen der neu zu begründenden Kulturen zu schließen, denn sicherlich ist die heutige Begründungsart von der früheren verschieden, zum mindesten bezüglich der Bodenbearbeitung. Dennoch können wir die Resultate früherer Aufforstungen mit den zu erwartenden der heutigen Aufforstungen insoweit vergleichen, wenn wir sie als Minima gelten lassen. Die Angaben, welche sich im Nachfolgenden nicht auf Erträge, sondern bloß auf die Holzmasse beziehen, entstammen den Oedlandsaufforstungen der neueren Zeit. Die meisten Erfahrungen hat man natürlich seither beim Haideödland gemacht, denn diese Flächen sollen ja auch künftig mehr oder weniger die Nutz= wälder geben. Bei Schutz= und Wohlfahrtswäldern (Flugsand, Karst, Hochgebirgsödland) ist der Ertrag ja nebensächlich und daher auch die Frage der Rentabilität nicht weiter zu untersuchen.

In welchem Maße die Bodenbearbeitung einwirkt, erhellt z. B. daraus, daß in den hannöver'schen Haiden[1]) ein durch in= tensive Rajolkultur begründeter 40jähriger Kiefernbestand 253 fm pro ha, darunter 228 fm (mithin 90″/₀) Nutzholz ergab, während ein 80jähriger Kiefernbestand in ähnlichen Verhältnissen aber auf undurchbrochenem Ortstein stockend pro ha nur 38 fm schlechtes Holz aufwies. Die Bestände von Meerhusen auf Bleisand waren, im Jahre 1872, 65jährige Krüppelbestände mit einer mittleren Höhe von 10,5 m, einem mittleren Durchmesser von 18 cm, Stammzahl pro ha 783 Stück und 102 fm Derbholz pro ha.

Dem gegenüber steht ein auf Ortstein erwachsener 110jähriger

---

[1]) Nettstadt: Ueber Ortsteinkulturen (Krit. Bl. 1869. II. H. S. 92, hier 102).

Kiefernbestand (mit 15%, Buchen aller Altersklassen) bei Ebers= walde[1]), der 750 fm Abtriebsertrag lieferte. In der Oberförsterei Sellhorn[2]) (Lüneburger Haide) ergab ein auf nicht durchbrochenem Ortstein stockender 105 jähriger Fichtenbestand pro ha 486 fm (eine Fichte sogar 3,74 fm); dabei waren auch nicht einmal die Wurzeln durch den Ortstein gedrungen. Man könnte dies beinahe als Beweis dafür ansehen, daß auch ohne kostspielige und gründliche Bodenbearbeitung noch günstige Resultate erzielt werden. Wir stimmen dem aber nicht zu und erachten gründliche Bodenbearbeitung bei Ortsteinhaiden als die erste Bedingung für das Gedeihen der Kultur.

Die Fichtenbestände der schleswig'schen Haiden haben sich bisher, nach Forstrath Jaugel[3]), zufriedenstellend verhalten. So ergab ein 35 jähriger Fichtenbestand an derzeitiger Masse 136 fm, an Durchforstung 37 fm; ein 45 jähriger, an Masse 130 fm, Durchforstung 19 fm; ein 50 jähriger Bestand beim Kahlhieb einen Abtriebsertrag von 370 fm.

Die Holzproduktion der mit Fichte aufzuforstenden Oedungen des Vogelsgebirgs würde sich nach Weber[4]) auf dem dortigen Basaltboden sogar sehr günstig stellen. Der ermittelte Durchschnitts= zuwachs kulminirt zwischen 50—60 Jahren mit 9—10 fm pro ha. Ein 60 jähriger Fichtenbestand hatte eine mittlere Höhe von 28 m und eine Derbholzmasse von 850 fm pro ha. In der Mittel= region des Vogelsbergs erwartet man von den Fichtenaufforstungen bei einem Umtrieb von 80—90 Jahren einen Haubarkeitsertrag von etwa 500 fm pro ha.

Auf dem Geestboden des Ammerlands[5]) sollen im Maas= holter Forst und Elmendorfer Holz Eichen von 150—160 Jahren

---

[1]) Bericht über die 11. Wanderversammlung des nordwestdeutschen Forstvereins zu Soltau 1896. Thema I (nach Danckelmann).

[2]) Borggreve: Zur Ortstein=Kultur=Frage. (Brief des Ober= försters Hilsenberg zu Sellhorn.) — (Forstl. Bl. N. F. 1883, S. 338).

[3]) Zur Aufforstung der Schleswig'schen Haiden (Forstl. Bl. N. F. 1881, S. 73).

[4]) A. a. O. S. 98.

[5]) Aus der Haide (Allg. Forst= u. Jgbztg. 1856, S. 321).

mit einer Höhe von 33—40 m (mancher Stamm 20 m aftrein)
stocken, die als Merkwürdigkeit infolge hochstehenden Grundwassers
keine Pfahlwurzelbildung zeigen (?).

Ganz enorme Zuwachsverhältnisse zeigen die Stern= oder
Seekiefern der französischen Landes. Sie haben im Alter von
5 Jahren einen Durchmesser von ca. 10 cm, bei 26 Jahren
schon 59 cm (!).

Auf dem Moorödland sind nach Ramann[1]) Holzkulturen
bei entsprechender Entwässerung nicht so aussichtslos, wie allge=
mein angenommen wird. Im Olaiwalde bei Riga gebe es
z. B. einen 50jährigen Kiefernbestand, der auf Hochmoor stockt,
und im Mittelstamm folgenden Zuwachs aufweist:

im 5—10, 11—20, 21—30, 31—40, 41—45 Jahre
Durchmesser: 5,39 3,81 3,09 2,17 1,00 cm
Kreisfläche: 93 179 208 108 92 qcm

Brünings[2]) wollte dies auch für die hannöverischen Moore
nachweisen an Stammscheiben von einer je 32jährigen Eiche und
Fichte, welche einen Durchmesser von 43 bzw. 58 cm, mithin fast
1,5 bzw. 2 cm Jahrringbreite pro Jahr besaßen.

Hochmoore sollen unserer Ansicht nach nicht zur Holz=
kultur herangezogen werden. Anders verhält es sich aber mit
dem abgetorften Moor (Legmoor), wo die Holzpflanzen alsbald
den mineralischen Untergrund erreichen. Um nur ein wirklich
hervorragendes Beispiel einer gelungenen Legmoorkultur an=
zuführen, seien die „Lützburger Tannen" (Ostfriesland)[3])
genannt. Sie stammen aus dem Jahre 1771 und hatten 80jährig
einen Brusthöhen=Durchmesser von 22—61 cm, eine Höhe von
25 m, Stammzahl pro ha 830 und eine Masse pro ha von

---

[1]) Wald und Moor in den russischen Ostseeprovinzen (Ztschr. f. Forst=
u. Jgdw. XXVII. Jhg. 1895, S. 17).

[2]) Catalog über die internationale landwirthschaftliche Ausstellung zu
Bremen, 1874, S. 12. — Die Moorkultur nach Oberförster Brünings
zu Kuhstedt.

[3]) Burckhardt, H: Die Weißtanne zu Lützburg in Ostfriesland
(A. d. W. 1. H. 1865, S. 90).

1107 fm. Der Durchschnittszuwachs pro Jahr und ha betrug
13 fm. Im 100jährigen Alter gab es Stämme bis 88 cm
Durchmesser und 29 m Höhe; der stärkste Stamm maß 1,22 m
Brusthöhen-Durchmesser. Das Hauptstärkewachsthum (etwa 20 cm)
fiel in das 40.—50. Jahr und nahm dann ab.

Die Zuwachsverhältnisse im südrussischen Steppen=
gebiet[1] (Gouvernement Jekaterinoslaw) sind auch ganz außer=
ordentliche wie folgt:

	Alter	Durchmesser	Höhe
Ulme	20—25 Jahre	20—27 cm	12,8—14,9 m
Esche	28 „	24 „	13,8 „
Ahorn	27 „	27 „	11 „
Eiche	28 „	25 „	12,1 „
Birke	28 „	24 „	12,8 „
canadische Pappel	24 „	41 „	19,2 „

D. Die Berechtigung der Aufforstung von Oedland.

Die erste Frage, welche wir bei der Kultur von Oedland
zu stellen haben, muß unbedingt dahin zielen, welcher Kultur
das Oedland zugeführt werden soll? Es ist nun schon längst
entschieden, daß das gesammte Oedland — mit Ausnahme der
Moore in der Ebene — theils dauernd, theils nur vorübergehend,
keiner anderen als der forstlichen Kultur zufallen kann, weil
eine andere Kultur des Oedlands in absehbarer Zeit überhaupt
unmöglich ist. Von diesem Standpunkte aus erscheint demnach
die Aufforstung als durchaus berechtigt.

Die Berechtigung derartiger Aufforstungen läßt sich weiter
von verschiedenen Standpunkten aus begründen, sowohl vom
finanziellen des Nutzwaldes, wie auch vom volkswirthschaft=
lichen des Schutz= und Nutzwaldes. Sogar mit Rücksicht auf
Ethik, Aesthetik und Strategie lassen sich Oedlandsaufforstungen
rechtfertigen. Nutz= und Schutzwald sind gerade auf Oedland so

---

[1] Bark: Steppenbewaldung im Gouvernement Jekaterinoslaw
(Forstl. Bl. N. F. 1874, S. 343).

innig mit einander verbunden, daß sie sich schwer trennen lassen. Jeder Nutzwald übt mehr oder weniger die allgemeinen Wohl= fahrtswirkungen des Waldes aus und spielt somit gewissermaßen auch die Rolle eines Schutzwalds. Der eigentliche Schutzwald aber ist in nur seltenen Fällen zugleich Nutzwald. Im allge= meinen werden wir nur die auf dem Haideödland der Ebene be= gründeten Bestände in die Kategorie der Nutzwälder, alle übrigen hingegen in die der Schutz= und Nutzwälder einreihen müssen, wobei jedoch der Schutzzweck überwiegt. Schutzwälder, die gar keinen Ertrag liefern, kann es auf die Dauer nicht geben. So= bald der zu Schutzzwecken begründete Wald diese erreicht hat und vollständig erfüllt, gesellt sich auch alsbald der Nutzen hinzu, denn der Schutz ist ja auch gewissermaßen ein Nutzen. Wir können also von Nutz= und Schutzwald nur dann sprechen, wenn wir die überwiegende Nutzleistung und die überwiegende Schutz= leistung einander gegenüber stellen.

Der auf Haideödland zu begründende Wald soll vorherrschend Nutzzweck haben; er soll mithin in diesem Sinne Nutzwald sein. Wir müssen daher die zu erwartenden Erträge und die entstehenden oder entstandenen Kosten miteinander vergleichen, um zu sehen, ob die Oedlandsaufforstung finanziell zu rechtfertigen ist. Dort wo Rente und Kosten in auffallendem Mißverhältnisse stehen, wird man von der Aufforstung von Oedland, hinsichtlich der Rentabi= lität, absehen müssen. Etwas anderes ist es freilich, wenn höhere Interessen der Landeskultur und Socialpolitik mitsprechen; dann hat der Rentabilitätsstandpunkt überhaupt zu fallen. Die größte Rolle spielt bei allen diesen Rentabilitätsberechnungen der faktische Bodenverkaufswerth. Wenn das Oedland auch noch so ertraglos wäre, wie z. B. reiner Flugsand, und sein wirklicher Werth demnach ziffermäßig nicht festgesetzt werden kann, so besitzt es dennoch irgend einen Verkaufs= bzw. Kaufwert, da man das Oedland nicht unentgeltlich erhält. Besonders dann, wenn es sich um Staatsankäufe von Oedland handelt, erreicht dieser oft eingebildete Werth eine ganz unverhältnißmäßige Höhe. Ein Bodenverkaufs= werth muß demnach in Rechnung gestellt werden. Es ist unrichtig, wie es von manchen Seiten geschieht, zu sagen, daß der Boden, weil er ertragslos sei, keinen Werth besitze. Zwar hat er dann keinen Nußwerth, wohl aber einen Tauschwerth. Seine Auf= forstung ist, wenn die Erträge die prolongirten Kultur= und sonstigen Kosten übersteigen, rentabel.

Wie verhält es sich nun bei der Haideödlandsaufforstung hinsichtlich der Rentabilität? Hier gehen die Urtheile oft weit aus= einander. Die Ansicht der meisten Forstwirthe geht dahin, daß die Haideaufforstung rentabel sei.

Die Haide wirst gewisse Renten ab, sie ist, nach dem der Landwirthschaft zu überlassenden Moorödland, das werthvollste Oedland, wie sich dies auch in den Bodenpreisen des zu Zwecken der Aufforstung angekauften Haideödlands ausspricht. In den hannover'schen Haiden kostete 1 ha durchschnittlich ca. 139 ℳ; in den schleswig=holstein'schen Haiden von 94—349 ℳ im Durchschnitt 158,5 ℳ; dagegen 1 ha Sandödland der Kassubei 42—68 ℳ. Außer von dem Bodenwerth wird die Rentabilität auch von der Höhe der Kulturkosten bestimmt. Nicht immer ist aber die billigere Kultur die lucrativste; vielmehr ist es häufig die theure. Wenn aber ein Erfolg nur durch theure Kultur zu erreichen ist, so wird sich diese stets mehr empfehlen. Die Kulturkosten sind gerade beim Haideödland sehr veränderlich, mitunter höher als der Bodenwerth und daher kann, unserer An= sicht nach, die Frage nach der Rentabilität der Haideauf= forstungen nicht im Allgemeinen, sondern nur lokal beantwortet werden.

Wie bereits erwähnt, entscheiden sich die meisten Stimmen für die Haideaufforstung als rentabel. Im Nachstehenden sollen hierfür einige Zahlen=Belege angeführt werden.

Nach Burckhardt's Erfahrungen [1] (1872) erzielt Haide= boden das Doppelte des Ankaufspreises durch den Holzanbau. Kauft man das Hektar Haide mit 38 Thalern, so erhält man

---

[1] Burckhardt: Die Aufforstung der Haiden (A. d. W. III. H., 1872, S. 41.

durch die Holzkultur die Auslage für Boden, Kultur, Verwaltung
ꝛc. ersetzt, und es erübrigt als Erwerbsgewinn das Einfache des
Bodenpreises, mithin 38 Thaler pro ha, also wenn der Zinsfuß
3"/₀ beträgt, eine Rente von ca. 3,40 ℳ.

In den Geldern'schen Haiden gibt der Eichenschälwald nach
Grunert [2]) pro ha folgende Reinerträge: beim ersten Umtrieb
170 ℳ, beim zweiten 340 ℳ, mithin während 20 Jahren (da
u = 10) zusammen 510 ℳ oder pro Jahr und ha 25,5 ℳ Rente.

Nach einer Rentabilitätsrechnung für Oedlandsaufforstungen
in Preußen, welche Lehr in seiner Recension [3]) über das Werk:
Hagen-Donner, die forstlichen Verhältnisse Preußens, II. Aufl.
Berlin, 1883 anstellte, beziffert sich bei einem 60 jährigen Umtrieb
für Fichte III. Kl. (nach Baur) der Bodenerwartungswerth auf
293 ℳ, wobei als Unterstellungen noch dienen: 1 fm Abtriebsertrag = 6 ℳ, Zinsfuß 3%, Kulturkosten = 50 ℳ, jährliche
Verwaltungs-, Schutz- ꝛc. Kosten pro ha = 4,2 ℳ, Durch-
forstungserträge im 50. Jahre = 80 ℳ, im 40. Jahre = 50 ℳ,
im 30. Jahre = 10 ℳ. Dieser Bodenwerth entspricht demnach
einer Rente von rund 9 ℳ, was Oedland niemals abwirft. Für
diese Berechnung erntet Lehr in den „Forstl. Bl. N. F. 1883,
S. 167" von Borggreve, welcher überhaupt jede Rentabilität
von Oedlandsaufforstungen in Abrede stellt, die Bemerkung, daß
diese Berechnung ein „Schnäckchen" sei, ein.

Borggreve ist beinahe gegen jede Aufforstung des Oedlands
und will dieses als Weideland beibehalten wissen, indem er unter
Anderem auch im Hinweis auf die Rheinprovinz [1]) behauptet, daß
dort auf 100 Einwohner 16 Kühe kämen, während zur Deckung des
Bedarfs an Milch, Butter, Käse ꝛc. 31 Kühe nöthig wären. Demnach fehlen im Verhältniß zur Bevölkerung 500 000 Kühe, welche
eine Jahreseinnahme von 90—120 Millionen ℳ repräsentiren, die
dermalen ins Ausland fließen. Deshalb wünscht Borggreve,

---

[1]) A. a. O. S. 45.
[2]) Allg. Forst- u. Jagdztg. 1883, S. 129.
[3]) Borggreve: Holz oder Vieh? (Forstl. Bl. N. F. 1878, S. 58).

daß das Oedland als Weide benutzt werde, denn Holz könne man nicht essen; je mehr Holz, desto weniger Weide, desto weniger Vieh und desto weniger Menschen.

Gegen die Aufforstung der schleswig-holstein'schen Haiden spricht auch Forstmeister v. Varendorff[1]), indem er behauptete, daß die Aufforstungen entschieden unrentabel und die Wohlfahrts= wirkungen des Waldes theils überflüssig, theils unbewiesen seien.

Dieser Auffassung entgegen und für die Aufforstung trat Forstrath Jangel[2]) auf. Er weist die Rentabilität dieser Auf= forstung an einem concreten Fall nach, indem 1 ha 60jähriger Fichtenbestand im Durchschnitt 3025 $c\mathcal{M}$ ergab, während 1 ha, das nach Varendorff 300 $c\mathcal{M}$ kosten soll, nach 60 Jahren bei Unterstellung eines Zinsfußes von 3%, erst einen Nachwerth von 1767 $c\mathcal{M}$ habe. Auch die übrigen Einwände werden von ihm und von v. Kalitsch[3]) zurückgewiesen.

Hahn[4]) rechnet pro ha einen Abtriebsertrag von ca. 3855 $c\mathcal{M}$ bei 100jährigem Umtrieb. Die Kosten (Ankauf und Kultur) be= tragen im Durchschnitt 268,5 $c\mathcal{M}$. Diese geben auf den Abtrieb prolongirt (Zinsfuß = 3%) etwa 5184 $c\mathcal{M}$, d. h. der Staat, um den es sich hier handelt, zahlt ca. 2329 $c\mathcal{M}$ pro ha darauf. Im vorliegenden Falle wird aber das Oedland nicht aus finan= ziellen Gründen aufzuforsten sein. Auf die Frage, ob der Privat= Eigenthümer oder der Staat aufforsten soll, kommen wir noch zurück.

Die hannöver'schen Haideaufforstungen[5]) repräsentiren mit Schluß des Rechnungsjahres 1894 einen Buchwerth von 484 $c\mathcal{M}$ pro ha, wobei mit einem Zinsfuß von 3%, und mit Zinseszinsen

---

[1]) Ueber Aufforstungen auf dem Schleswig'schen Mittelrücken (F. Bl. N. F. 1880, S. 79).
[2]) Zur Aufforstung der Schleswig'schen Haiden (F. Bl. N. F. 1881, S. 73).
[3]) Zur Aufforstungsfrage in Schleswig=Holstein (F. Bl. N. F 1880, S. 201).
[4]) A. a. O. S. 281.
[5]) Quaet=Faslem: a. a. O. S. 42.

8

gerechnet wurde. Der Kaufwerth des Oedlands betrug durch=
schnittlich 130 ℳ pro ha.

Einen weiteren Beleg für die Rentabilität der Haideauf=
forstung liefert Grundner[1]) hinsichtlich der „Lutterhaide" bei
Königslutter, wo ein ha 53 jähriger Kiefernwald einen Reinertrag
von ca. 2178 ℳ oder eine Rente von 17,24 ℳ pro Jahr lieferte
(Vorerträge und Kulturkosten ꝛc. mit 3⁰/₀ prolongirt).

Die früher ertragslosen Haideflächen der „Landes de
Gascogne" hatten einen Preis von höchstens 15 Fr. pro ha.
Nach der Aufforstung in den 1860er Jahren stieg der Bodenpreis
rapid und betrug 1875 schon das 40 fache des früheren. Das
ha 28 jähriger Seekiefern kostete 1066 Fr. Im Jahre 1877
repräsentirten die Landes bereits einen Werth von über 205
Millionen Fr.[2]). Die Ausfuhr an Durchforstungsholz betrug
1876 rund 600 000 Tonnen. Die jährliche Harzproduktion kann
mit 15 Millionen Fr. bewerthet werden[3]). Dieses Beispiel einer
Oedlandsaufforstung, die allerdings bedeutende Mittel (nebst den
sonstigen Ameliorationen und Bauten ca. 9 Millionen Fr.) bean=
spruchte, kann doch wirklich überzeugend für die Rentabilität der
Haideaufforstungen sein.

Um wenigstens ein Beispiel für die Rentabilität von Auf=
forstungen des Gebirgsödlands zu bringen, verweisen wir auf
die Oedungen des hessischen Vogelsbergs[4]), wo die Fichte die hierzu
am meisten passende Holzart, im 60 jährigem Alter unter Anderem
pro ha einen Werth von 12 000 ℳ repräsentirte. Bei 2 ha
Fichten gleichen Alters (1385 fm) betrug der Reinerlös 17 000 ℳ,
bei 2 ha etwas jüngerer Fichten 11 000 ℳ.

---

[1]) Grundner, F.: Die Rentabilität von Kiefernaufforstungen auf
Sandböden. (Braunschweig. landw. Zeitung 1881, Nr. 22, S. 85).

[2]) Chambrelent, M.: Assaisissement et mise en valeur des
Landes de Gascogne. Paris 1878, pag. 41.

[3]) Croizette-Desnoyers: Notice sur le gemmage du pin maritime. Paris 1878.

[4]) Weber: a. a. O. S. 99.

Bei der Aufstellung der Rentabilitätsberechnungen von Oed=
landsaufforstungen ist es entscheidend, wer aufforstet, der Privat=
eigenthümer oder der Staat, richtiger der, welcher den Oed=
landsboden bereits besitzt oder der, welcher ihn erst kaufen muß.
Der Besitzer wird in der Regel so rechnen, daß er die prolongirten
Kulturkosten ꝛc. mit den zu erwartenden Erträgen vergleicht; er
setzt für den Boden keinen besonderen Werth an. Anders rechnet
aber der, welcher für den Boden erst einen Preis bezahlt und
von der Aufforstung verlangt, wenn sie nur rentabel allein sein
soll, daß ihr Ertrag die Gesammtkosten (Bodenpreis, Kultur=Ver=
waltungs= ꝛc. Kosten) entsprechend verzinst. Wer von beiden
rechnet richtiger? Sicherlich nur der letztere. Freilich wird sich
bei dieser Berechnung häufig eine Minus=Rente herausstellen, aber
dann handelt es sich in der Regel um Oedland, dessen Aufforstung
überhaupt nicht vom finanziellen Standpunkt betrachtet werden
darf. Daß auch der Besitzer von Oedland einen Bodenwerth in
Rechnung stellen muß, wenn er richtig rechnen will, erhellt schon
daraus, daß er dieses ja verkaufen könnte. Der Boden muß mithin
doch irgend einen Werth besitzen. Die Rechnungsweise, den Boden=
werth außer Acht zu lassen, gibt wohl Aufschluß darüber, ob die
Aufforstung von Oedland rentabler ist als eine andere Benutzung
desselben, sie kann aber dann nicht feststellen, ob die Aufforstung
überhaupt rentabel, d. h. ob die Anlage der Kapitalien in
Wald auf Oedland vorteilhaft ist.

Wenn es sich bei der Aufforstung von Oedland darum
handelt, einer Gegend die nöthigen Wohlfahrtswirkungen des
Waldes zu verschaffen, so ist sie unter allen Umständen gerecht=
fertigt. Solche Aufforstungen im Landeskulturinteresse umfassen
das Sandödland, dann den Karst und das Hochgebirgsödland.
Durch sie allein werden die klimatischen und sanitären Verhältnisse
gebessert, die Bewohnbarkeit gehoben, mancherlei Gefahren und
Schäden abgewendet.

Der günstige Einfluß des Waldes auf die klimatischen
Verhältnisse einer Gegend wird noch vielfach bestritten.
Wir wollen hier nur daran erinnern, wo man geschützter ist, im

Wald oder im freien Feld, wo es wärmer bzw. im Sommer kühler und angenehmer ist, wo z. B. die meisten Kurorte und Heilanstalten, im Wald oder auf der Haide anzutreffen sind? Unserer Anschauung nach ist die Oedlandsaufforstung für die Besserung der klimatischen Verhältnisse nur von Vortheil. Seitdem das Oedland der Eifel aufgeforstet ist, haben sich die auf Meilen in der Runde früher schädlichen Einflüsse desselben vermindert.

In Bezug auf die Gesundheitsverhältnisse einer Gegend spielen Oedlandsaufforstungen eine große Rolle. In den italieni= schen Sümpfen wirkt der Anbau des Eukalyptus gegen die Malaria sanirend. Die französischen Landes, vor der Aufforstung eine der ungesündesten, fieberreichsten Gegenden Frankreichs, sind nach der Aufforstung derartig sanirt worden, daß sie nunmehr zu den gesündesten Gegenden gezählt werden. Die Sterblichkeit ist geringer, die mittlere Lebensdauer höher wie in ganz Frankreich.

Vom Standpunkte der Volkswirthschaft können die Auf= forstungen nur empfohlen werden. Die sozialpolitische Bedeutung des Waldes erstreckt sich auch in Gegenden mit geringer Wald= quote auf rationelle Aufforstungen, wenn sie sich gedeihlich ent= wickeln können. Sind die auf Oedland zu erzielenden Produkte zur Befriedigung von Bedürfnissen nothwendig, so müssen diese Güter geschaffen werden. Schleswig-Holstein z. B. deckt nicht einmal seinen Brennholzbedarf, trotz der vielen „Knicks" — deren Holzertrag auch nicht unbedeutend ist (ca. 323 fm pro ha) — und bedarf bedeutender Kohlenzufuhren, für welche das Geld ins Aus= land geht. Der Karstbewohner benöthigt dringend den Wald, der ihm, abgesehen von Schutz, die Mittel zur Existenz gewähren muß: Futterlaub und Weide für sein Vieh, Holz zur Feuerung rc. Die Holznoth am Karst und dagegen der Bedarf an Holz in den Städten ist so bedeutend, daß jede Lode verkohlt wird und selbst die ge= ringsten Sortimente (fascetti, 60 cm lang und 2—8 cm stark) Exporthölzer für Italien sind. Der Oedlandsboden wird durch die Aufforstung verbessert; er soll eine höhere Rente als bisher bringen. Die Oedlandsaufforstung kann einen vortheilhaften Aus= gleich der in manchen Gegenden verschobenen Verhältnisse der

Bodenbenutzung hervorrufen. Das vortheilhafteste Maß von Be=
waldung für ein Land, d. h. das zweckmäßigste Waldprozent
kennen wir freilich nicht, da es von zu vielen Umständen abhängt,
das aber wissen wir, daß jedes Land — abgesehen von dem ganz
besonders günstig gelegenen England — zur gedeihlichen Ent=
wickelung seiner Bodenkultur ein gewisses Maß von Wald nöthig
hat. Dort, wo das Waldprozent ohnedies gering ist, wie (in
Deutschland), in Hannover, Ostfriesland, Oldenburg, Schleswig=
Holstein, ferner Frankreich, Dänemark, Italien ꝛc. und außerdem
beträchtliche Mengen Oedlands dazu treten, ist die Aufforstung
dringend geboten. Wenn Länder den eigenen Bedarf an Holz
nicht produziren, mithin viel Geld hierfür ins Ausland geht, da=
gegen genug Oedland vorhanden ist, das kaum eine Rente abwirft,
aber zur Holzproduktion geeignet wäre, so muß die Aufforstung
solchen Oedlands verlangt werden. Die Unterlassung ist ein volks=
wirthschaftlicher Fehler. Preußen besitzt, wie bereits erwähnt,
über ¹/₂ Million ha aufforstungsfähiges Waldödland. Bei dem
Umstand, daß diese Flächen einerseits ertraglos liegen, andererseits
selbst geringe Nadelholzsortimente gute Preise erzielen[1]), ist es
Staatsaufgabe ersten Ranges, die Aufforstung dieses Oedlands
rasch und energisch zu betreiben. Dazu kommt noch die Thatsache,
daß Deutschland schon seit 30 Jahren seinen Nutzholzbedarf aus
eigenen Waldungen nicht mehr zu decken vermag. Der Holzimport
betrug z. B. 1893 etwa 8 Millionen Festmeter mit einem Werthe
von 144 Millionen ℳ.

Wo auf Oedland Wald entsteht, wird die Gewalt des
Sturmes gebrochen (einiges leisten auch schon die Schutzstreifen
im Westerwald ꝛc.), die Entstehung und Weiterverbreitung ver=
heerender Wildbäche gehindert, Frostgefahr und Temperaturextreme
gemildert (Eifel, Erzgebirge ꝛc.), die Kulturfähigkeit des um=

---

[1]) Im Jahre 1893 betrug der Preis von 1 fm Nutzholz von 0,5 bis
1 fm Inhalt bei Kiefer 7,30 ℳ. im Minimum und 13,90 ℳ. im Maximum,
bei Fichte 6,90 ℳ. bzw. 15,50 ℳ.

liegenden Terrains gehoben und gegen schädigende Einflüsse (Flug=
sand ꝛc.) geschützt.

Durch die Aufforstung wird in Oedlandsgegenden mancher
Verdienst geschaffen, sowohl bei der Aufforstung selbst, als auch
bei der Nutzung der betreffenden Wälder. Der Anlauf von
Oedland führt den bereits mit dem Unterliegen kämpfenden Wirth=
schaften Kapital zu; die Aufforstung selbst beschäftigt Hand= und
Gespannkräfte. Die verschiedenen Ameliorationen, welche mit der
Aufforstung Hand in Hand gehen müssen (Straßenbau, Wildbach=
verbauung u. a.), beanspruchen ebenfalls viele Kräfte. Die
Nutzungen der auf früherem Oedland stockenden Wälder, sowohl
der Haupt= als auch Nebenprodukte, sowie die mit der Waldwirth=
schaft häufig verknüpften Industrien ernähren hunderte von Menschen
auf Flächen, wo früher auf dem Oedland kaum wenige Familien
ihr Auskommen fanden.

Wenn ein Arbeitsverdienst pro Jahr 500 ℳ beträgt, so wären von
den schleswig=holstein'schen Oedländereien, deren Reinertrag theilweise zu
40 ₰ pro ha eingeschätzt ist, für die Unterhaltung eines Arbeiters etwa
1200 ha nöthig (Emeis). In den hannöver'schen Haiden ernähren
250—300 ha nothdürftig eine Bauern=Familie nebst Gesinde bei anstrengender
Arbeit.

Die Mehrung des Volksvermögens wächst mit der Wohl=
habenheit des Einzelnen. Wo viele Menschen Verdienst finden
können, ist dies volkswirthschaftlich immer vortheilhaft. Auf den
öden Haiden, in den Sümpfen kann davon nicht die Rede sein.
Der Wald mit neu entstandenen Verwerthungs= und Arbeitsquellen
kann Oedland in dieser Beziehung nutzbringend machen.

Für die aufgeforsteten Landes mußten Absatzquellen gefunden werden
und man fand sie. Das Durchforstungsholz geht als Grubenholz nach
England und liefert auch sämmtlichen Gruben Frankreichs ihr Holz. Das
Brennholz wird als „cotrets" in die Pariser Backöfen verfrachtet. Die
Waldungen geben Kistenholz für die Etablissements in Bordeaux, Holzstoff
den Schleifereien, Harz und Terpentin zur Fabrikation von Leuchtstoffen ꝛc.,
kurz die Aufforstung war ein Segen für diesen Landstrich.

Das Nationalvermögen wird durch Oedlandsaufforstung er=
heblicher vermehrt, als es die Statistik ausweisen kann, da diese
nur auf den Erträgen basirt, die in die Forstkasse fließen. Es

gibt aber eine Menge volkswirthschaftlicher Erträge, die aus den Forstrechnungen nicht zu erweisen sind, z. B. die Heidelbeernutzung.

Die Heidelbeere kommt auf freiem Oedland nicht vor, wohl aber unter lichtem Kiefern- und Fichtenschirm. Der Beerenertrag der hannöver'schen Forsten wurde in Beerenjahren auf 430 000 ℳ geschätzt¹). Aus dem 6 500 ha großen Reichswald bei Cleve werden jährlich etwa um 120 000 ℳ (18 ℳ pro ha) Beeren gesammelt, welche den armen Umwohnern Verdienst geben, während die Forstkasse bloß eine geringe Rente für die gelösten Sammelscheine bezieht. Kein Oedland produzirt als solches um 18 ℳ Werth pro ha.

Von Deutschlands Oedländern ist es besonders zunächst die Lüneburger Haide, deren Aufforstung vom nationalökonomischen Standpunkt vorteilhaft ist. Sie liegt günstig zu den Wasserstraßen und scheint dazu geeignet zu sein, künftig das Holzmagazin für England und Belgien zu bilden, wenn Amerika mit seinen Waldungen abgewirthschaftet haben wird, außerdem aber das Holz für die westfälischen Gruben zu liefern, deren Bedarf von Jahr zu Jahr steigt und die ihr Material von weiterher (Pommern, Ostpreußen) in Folge des konkurrirenden Auslands (Frankreich, Belgien) beziehen müssen. Auch vom Standpunkt der Spekulation ist Oedlandsaufforstung, soweit es sich hierbei um Begründung von Nutzwäldern handelt, zu rechtfertigen, obwohl diese Art von Spekulation nur für ewige Personen, wie der Staat, Kommunen ev. Fideikommisse paßt, welche ein langes Aussetzen der Rente vertragen können.

Wenn die Frage aufgeworfen wird, was denn mit dem vielen Holze geschehen soll, welches die aufgeforsteten Oedländereien einst liefern werden, so wollen wir uns um die zukünftigen Verhältnisse nicht kümmern. Vor 100 Jahren war für unsere Zeit der Holzmangel ziffermäßig festgesetzt und heute ist das Holz vielseitig durch Eisen und Kohle ersetzt. Wer weiß, welche Verwendungszwecke des Holzes noch entdeckt werden; wer weiß, ob nicht die Länder, welche heute Importländer für Deutschland sind,

---

¹) Heß, Dr., Richard: Encyklopädie und Methodologie der Forstwissenschaft III., München 1892, S. 314.

dann zu Holzexportländern werden. Soviel uns bekannt, gehen gewisse thüringische Holzsortimente (Fichtenstangen von besonderer Qualität) heute schon nach Argentinien. Die Aufforstung von Oedland ist die schönste Sparbüchse, welche der Staat der künftigen Generation hinterlassen kann, auch wenn der Nutzen ziffermäßig nicht nachgewiesen werden kann.

Die Ausgaben für die Bewaffnung der Armee, Festungs= bauten, Marine ꝛc. werden ohne weiteres bewilligt, ohne daß man hier den Nutzen dieser Ausgaben in Ziffern ausdrücken kann. Warum sollte nicht der Staat für das Wohlergehen einer Be= völkerung, die auch hierzu ihren Beitrag leistet, etwas thun, wenn dieses Wohlbefinden gerade nur durch die Oedlandsaufforstung erreicht werden kann? Wir nutzen auch die von den Vorfahren überkommenen Bestände, ohne je zu fragen, was sie gekostet haben; werden es unsere Nachkommen anders machen? Wir wollen die Richtigkeit, bzw. Nothwendigkeit des mathematischen Calculs nicht bestreiten, wenn es sich darum handelt, über eine Maßregel finanzielle Rechenschaft zu geben; aber die Rentabilität allein soll hier nicht das Züngelin an der Wage bilden, welches den Ausschlag gibt.

Die Ethik rechtfertigt die Oedlandsaufforstung insofern, als hierdurch das physische und moralische Wohlergehen der Bevölkerung befördert wird. Bekanntlich ist der Waldbewohner gesünder an Leib und Seele als die Arbeiter der Industriebezirke, aus denen sich das umstürzlerische Fabrikproletariat rekrutirt. Bei den heutigen Aufforstungsbestrebungen von Oedland spielt vielleicht unbewußt ein nur zu billigendes Gefühl von Ordnungssinn eine große Rolle. Man will wieder gut machen, was mit der Axt gesündigt wurde, nachdem sich die Folgen dieser Sünden gar gewaltig fühlbar gemacht haben, man will den Wald wieder in sein altes Recht und Gebiet einsetzen und man thut wohl daran!

Was ist ästhetisch schöner: die öde Haide, das Moor, die Sandwüste oder der grünende Wald? Die Antwort kann nicht schwer fallen. Wenn auch die eintönigen Kiefernbestände der Lüne= burger Haide gerade nicht sehr herzerquickend sind, so sind sie doch noch landschaftlich schöner als die weite Haide, wo kein Baum,

kein Strauch, höchstens ein auf Stelzen gehender Schafhirte den
einzigen Ruhepunkt für das Auge bildet. Diese Kiefern sollen ja
nur die erste Generation des künftigen Haidewaldes bilden, bis
er wieder das geworden, was er vor Jahrhunderten war, ein
Laub= oder besser ein Mischwald. Dies muß auch schon wegen
der vielen Gefahren (Insekten, Feuer rc.) beachtet werden, welche
den gleichartigen Nadelwäldern drohen, damit nicht erst recht Oed=
land geschaffen werde, wie Barkhausen[1] meint. Wenn er
behauptet, daß durch den reinen Kiefernanbau (in der Lüneburger
Haide) Oedland geschaffen werde, weil z. B. bei einem Brande
der Wiederanbau unmöglich sei, da man nicht mehr pflügen könne,
so liegt wohl ein beherzigenswerthes Körnchen Wahrheit darin.
Uns scheint aber doch zuviel Schwarzseherei dabei zu sein, denn
bei den heutigen Fortschritten der Dampfkultur wäre, wenn über=
haupt nothwendig, ein Herausreißen der Stöcke durch das Pflügen
ganz gut möglich. Wenn aber einmal ein tüchtiger Bodenumbruch
beim ersten Anbau stattgefunden hat, so ist ein nochmaliges Pflügen
nach einem ev. Brande wohl überflüssig, denn sonst müßte ja
nach jedem Umtrieb frisch gepflügt werden. Ueberdies muß be=
dacht werden, daß eben nur die Kiefer zuerst auf dem dortigen
Haideödland Verwendung finden konnte. Bei den Nachbesserungen
wird ja ohnedies durch das Einbringen anderer Holzarten (Fichte,
Lärche, Weymouthskiefer, Douglastanne, auf besseren Böden Eiche)
auf die Bildung künftiger Mischbestände Rücksicht genommen.

Was endlich die Strategie betrifft, so ist die Aufforstung
von Oedland auch nicht unwichtig. Der Wald erschwert und
hemmt alle militärischen Bewegungen, allerdings natürlich auch
die der eigenen Armee; die Haide ist in dieser Beziehung günstiger.
Gleich ungünstig verhalten sich aber Wald und Oedland in Bezug auf
die Verproviantirung und schon deshalb werden sich die Kriegs=
schauplätze meist auf die besser bevölkerten und cultivirteren Ge=

[1] Zwanglose Beiträge zur Kenntniß der forstlichen Verhältnisse im
Königlich Preußischen Regierungs=Bezirk Lüneburg mit besonderer Berück=
sichtigung der Aufforstungs=Bestrebungen daselbst. Hannover 1888.

genden beschränken. In der Vertheidigung aber bietet der Wald
wesentliche Vortheile, indem er größere Truppenconcentrirungen
unmöglich macht. Von diesem Gesichtspunkte aus wäre die Be=
waldung von Oedland besonders an der Grenze zu empfehlen.

Ueberblicken wir das Vorstehende, so kommen wir zu dem
Schluß, daß jede Oedlandsaufforstung gerechtfertigt
ist, mit Ausnahme der Moore, welche nach dem heutigen Stand
der Wissenschaft eine glänzendere Bestimmung im Wirthschaftsleben
einzunehmen haben als Holzanbau.

Wenn auch der Standpunkt der Rentabilität nicht immer
und überall aufrecht gehalten werden kann, so weisen so viel
andere wichtige Beweggründe auf die Aufforstung von Oedland
hin, daß diese mit allen Mitteln anzustreben ist und darum: „fahren
wir getrost fort, unbeirrt durch die Frage um Rentabilität, unseren
verödeten (Ländern) Haiden einen grünen Rock anzuziehen" (Burck=
hardt). Ist die Oedlandsaufforstung aber vom Standpunkte des Opfers,
im wohlverstandenen Landeskulturinteresse aufzufassen, dann sind
auch keine Kosten zu scheuen, um den armen Bewohnern jener
Oedländereien wenigstens in etwas eine bessere Existenz zu schaffen.
Auch sie haben berechtigte Ansprüche an den Staat, zu dessen Lasten
sie, wie ihre besser situirten Mitbürger, das Ihrige beitragen.
Das höchste Ziel der ganzen sozialpolitischen Entwickelung ist das
Bewußtsein und die Erkenntniß des Prinzips, daß das Wohl und
Wehe des anderen auch das eigene sei. Es erscheint demnach die
Oedlandsaufforstung in diesem Sinne als ein Act der gesundesten
staatlichen Sozialpolitik.

II. Die landwirthschaftliche Kultur.

A. Geschichte der Kulturbestrebungen.

Die Erkenntniß, daß der Moorboden zu den fruchtbarsten
und rentabelsten landwirthschaftlichen Böden gehört, wenn er ent=
sprechend behandelt wird, brach sich in den letzten Dezennien
unseres Jahrhunderts immer mehr Bahn. Nur die Schwierigkeit

der richtigen Behandlung hinderte bisher die Moorkultur zu land=
wirthschaftlichen Zwecken im Großen, da beinahe jedes Moor eine
andere Zusammensetzung hat und daher eine genauere Untersuchung
und verschiedene Behandlung bedarf. Seit den epochemachenden
Kulturen Rimpau's auf Cunrau und seitdem die Bremer
Moorversuchsstation ein für die norddeutschen Hochmoore
passendes Kulturverfahren gefunden hat, nimmt die Moorkultur
an Umfang zu. Was Moorödland ist und was aus Moor werden
kann, wird uns drastisch im Bourtanger Moor vor Augen geführt.

Auf der einen (holländischen) Seite ein wohlhabendes Kultur=
land, auf der anderen (deutschen) Seite dehnt sich auf demselben
Boden eine Wüste aus. An Muster für Moorkulturen fehlte es
aber auch in Deutschland nicht, denn schon vor mehr als zwei
Jahrhunderten wurde die mustergiltige Fehnkolonie Papenburg
von Dietrich van Veelen gegründet. Dieser Mann erbaute von
seinem kleinen Burgsitz im Moor einen zwei Stunden langen
schiffbaren Kanal mit einer Schleuße bis zur Ems. Nachdem
im Jahre 1675 das Unternehmen fertig war, begann die Colonisation.
Aus dem ursprünglichen einzigen Kanal wurde nach und nach ein
ganzes System von Kanälen (Haupt= und Nebenkanal, „Inwiecke"),
aus Papenburg ein aufblühender Ort mit reicher Industrie,
(Schiffswerften, Dampfpapierfabrik, Dampfölmühlen, Eisengießerei,
Maschinenfabrik, Glashütte ꝛc.) und ausgedehntem Handel (Holz).
Wo früher einige Moorhütten standen, erhebt sich heute eine Stadt
mit einigen tausend Einwohnern und über 1000 Häusern. Außer
Papenburg entstanden im Emslande ein Jahrhundert später
von 1780—1790 noch andere Kolonien, aber ohne Kanäle. In=
folgedessen läßt deren Entwickelung sehr zu wünschen übrig. In
Ostfriesland wurden von 1633—1829 etwa 20 Fehne gegründet
und von dem Moorareal der Kolonien bereits über die Hälfte in
Kulturland (Acker und Wiese) umgewandelt. Die Bremer Moor=
kolonien entstanden besonders von 1770—1790; die erste derselben
war schon 1720 gegründet worden. Torfhandel und Landwirth=
schaft sind die Hauptbeschäftigung der Moorbewohner.

Während Hollands Moorkultur schon längst in Blüthe

stand und viele Menschen ernährte [1]), ging es in Deutschland nicht vorwärts. Der Gutsbesitzer Rimpau auf Cunrau bei Magdeburg gab mit seinen Moordammkulturen die erste Anregung zu einem Umschwung zum Besseren.

Seit den 1870 er Jahren interessirt sich auch der Staat für die Moorkultur und wurde auf Anregung des Ministers für Landwirthschaft Dr. Friedenthal im Jahre 1876 in Preußen die Centralmoorkommission konstituirt und die Bremer Moorversuchsstation (Leiter Dr. Fleischer) errichtet, welche die Aufgabe haben, durch zahlreiche Aufnahmen und Unter= suchungen die geeignetsten Kulturverfahren für Moore ausfindig zu machen. Bis Ende des Jahres 1889 waren von den wüsten norddeutschen Mooren durch Dammkultur über 9500 ha in frucht= bares Kulturland umgewandelt.

Nach Preußen rief Schweden im Jahre 1886 einen Moor= culturverein und eine Versuchsstation zu Jönköping ins Leben.

In Oesterreich beantragte im Jahre 1887 Graf Hom= pesch im Reichsrath die Gründung einer Moorversuchsstation, welcher Antrag im Jahre 1891 neuerdings wiederholt wurde. Unseres Wissens ist aber bis jetzt in dieser Angelegenheit nichts weiter geschehen.

Zur Förderung der Kultur und Colonisation des Bourtanger Moores wurde in Hannover im Jahre 1887 ein Moorkul= turfonds mit 400 000 ℳ gegründet und dieser Betrag dem schon früher erwähnten Aufforstungsfonds entnommen.

In den 1860 er Jahren glaubte der Oberförster Brünings im Augustendorfer Moor ein Verfahren gefunden zu haben, Forst= und Landwirthschaft vortheilhaft auf Hochmoor vereinigen zu können. Seine 20 jährigen Erfahrungen veröffentlichte er im Jahre 1881 [2]). Wenn es sich auch in der Folge zeigte, daß die Brü=

---

[1]) 1—2 ha genügen vollständig für eine Familie; 5—10 ha hat ein wohlhabender und 30 ha ein reicher Grundbesitzer.

[2]) Brünings, Karl: Der forstliche und der landwirthschaftliche Anbau der Hochmoore mittelst des Brandfruchtbaus. Berlin, 1881.

ning's'sche Methode trotz anfänglich günstiger Resultate auf den
Holzanbau verzichten muß, so ist sie immerhin eine beachtenswerthe
Methode für den landwirthschaftlichen Betrieb auf nicht
abgetorftem Moor und das ist zweifellos Brüning's Verdienst.
In Bezug auf die forstliche Kultur hat sie zur Zeit nur historischen
Werth.

B. Die landwirthschaftlichen Kulturmethoden.

Bei Moorkulturen im Großen lassen sich zwei scharf ausge=
prägte Gruppen unterscheiden: die Fehnkultur und die Colo=
nisation. Während erstere von schon kultivirtem Boden oder
zum mindesten von einem Transportmittel aus sich immer weiter
verbreitet, wird letztere oft mitten ins Moor getragen und hängt
ihre Entwickelung von der mehr oder weniger günstigen Lage zu
Wegen und Wasserstraßen ab.

Die Fehnkultur ist die rationellere Methode zur Nutzbar=
machung der Moore und bietet von vornherein größere Gewähr
für ein günstiges Gedeihen der Colonie. Die erste Aufgabe ist
hier die Anlage eines größeren schiffbaren Kanals und die An=
siedlung an diesem. Zu einer Kanalisation ist aber viel Geld
nöthig und wenn der Staat das Kulturwerk nicht selbst vornehmen
kann oder will, so muß sich eine Gesellschaft (Fehncompagnie)
bilden, welche das zu kultivirende Moor vom Fiskus in Erbpacht
mit der Verpflichtung zur Kanalisation übernimmt. Die Colo=
nisten werden dann Unterpächter und müssen durch Staatsaufsicht
gegen Ausbeutung seitens der Fehncompagnie (Aktiengesellschaft)
geschützt werden. Die Colonate, etwa 4—8 ha groß, werden mit
kleinen schiffbaren Kanälen ("Inwieken") versehen, welche mit dem
Hauptkanal — der Pulsader — in Verbindung stehen. Während
der Kanalanlage lebt der Colonist von der Torfgewinnung. Er
fährt seinen Torf in die Stadt und holt sich als Rückfracht Dünger,
Schlamm rc. Damit düngt er seine bereits abgetorften Flächen
(zwischen den Inwieken) und wandelt diese hierdurch in Acker
und Wiese um. Der Torferlös bringt Viehstand und die allmäh=
liche Kultivirung einen gewissen Wohlstand. Schifffahrt, Handel

und Gewerbe entwickeln sich; die Fehncolonie blüht auf und es
bildet sich ein immer weiter greifendes, sich vervollkommnendes
System von Kanälen, welche die Kultur in weitere Kreise tragen.
Die Fehnkultur ist also die vollständige Austorfung eines
Moores unter gleichzeitiger Kanalisation und die Umwand=
lung des verbleibenden Bodens, durch Mischung mit Bunker=
erde und durch Düngung, in landwirthschaftliches Gelände
(Acker und Wiese).

Die Colonisation besteht in der Ansiedlung an beliebigen
Stellen des Moores. Es fehlt hier zunächst die Kanalisation
und damit zugleich ein wichtiges Verkehrsmittel. Der landwirth=
schaftliche Betrieb bewegt sich zuerst auf dem nicht abgetorften
Moor. Die Aecker um das Wohnhaus herum sind in Folge der
Düngung in gutem Stand; weiter davon entfernt muß wegen
Düngermangels Brandfruchtbau an die Stelle treten. Torfstich
wird meist nur für den eigenen Bedarf, weniger in Folge der
ungenügenden Verkehrsmittel, für den Verkauf betrieben.

Ueber die Art und Weise der Umwandlung von
Moorboden in Kulturland entscheidet zunächst die Gattung und
die Mächtigkeit des Moores. Im Allgemeinen wird Grünlands=
moor in Wiesen, Hochmoor hingegen in Ackerland, zum
Theil auch in Wiesen umgewandelt.

Die eigentliche Kultur des Moores kann erfolgen durch
Dammkultur, das Verfahren der Moorversuchsstation
in Bremen (Düngung mit Kunstdünger), oder durch die Brünings'=
sche Methode des Brandfruchtbaus. Dammkultur läßt sich nur
auf den kalkreichen Niederungs=, Grünlands= oder Wiesenmooren,
nicht aber auf den kalkarmen Hochmooren anwenden. Der Anlage
müssen genaue Untersuchungen über die Mächtigkeit des Moores,
Beschaffenheit des Untergrunds, Beschaffung des Deckmaterials
und die Höhe des Grundwasserstandes vorausgehen. Dieser ent=
scheidet über die Benutzung, ob zu Gras= oder zu Getreideanbau.
Kann das Grundwasser nicht bis unter 1 m der Oberfläche gesenkt
werden, so baut man nur Gras, sonst Gras oder Getreide, oder
Beides. Muß oder soll Grasnutzung stattfinden, so werden 15—20 m

breite Dämme hergestellt. Das aus den verschieden (3—5 m) breiten und tiefen Gräben gewonnene Material wird auf den Dämmen ver=theilt. Als Schutz gegen das Austrocknen dient eine ca. 10 cm starke Schicht von Sand, Lehm oder Mergel. Kann der Sand, welcher das beste Deckmittel ist, zweckmäßig aus dem Untergrund der Gräben entnommen werden, so ist dies am billigsten. Der Deck=sand ist aber vor seinem Aufbringen auf Schwefeleisen zu unter=suchen, da er sonst wegen seines H_2SO_4-Gehaltes schädlich auf die Vegetation wirken würde. Die Probe auf Schwefeleisen macht man durch Erziehen von Haferpflanzen in Blumentöpfen. Sollte jedoch schon solcher Sand aufgebracht sein, so wird die schädliche Wirkung durch Mengen mit Kalk (Bildung von Gyps) aufgehoben. Nun erfolgt eine ausreichende Düngung mit Mineraldünger. Kalk und Stickstoff sind in Grünlandsmooren immer reichlich vor=handen, Kali und Phosphorsäure dagegen fehlen in der Regel. Um diese zu beschaffen, wird Kainit (ein Doppelsalz von schwefel=saurem Magnesium und Chlorkalium) 600—1000 kg pro Jahr und ha, und Thomasschlackenmehl[1]) 200—400 kg pro Jahr und ha, angewendet. Die Kainitdüngung gibt man wegen des Chlorgehaltes im Herbste. Ist ein Schutz des keimenden Samens und des Deckmaterials nöthig, so erfolgt vor der Gras=saat die Aussaat von Hafer (pro ha 150 kg), welcher aber, sobald er Aehren zeigt, abgeschnitten werden muß, weil er sonst den Wiesenwuchs unterdrücken würde. An Gras= und Kleesamen benöthigt man pro ha von der Fleischer'schen[2]) Wiesen=mischung: 54 kg, von der Schröder'schen[3]): 40 kg. Die erstere besteht aus: 24 kg Phleum pratense, Thimotheegras, 4 kg Lolium italicum, italienisches Raygras, 2 kg Festuca

---

[1]) Wird bei der Entphosphorung des Eisens in den Hochöfen ge=wonnen.

[2]) Ramann, E.: Moor und Torf, ihre Entstehung und Kultur. (Ztschr. f. Forst= u. Jgdw. XX. Jhg. 1888, S. 130).

[3]) Angerstein's Referat über „Moorkulturen innerhalb des forst=lichen Betriebs" auf der XVI. Versammlung des Vereins mecklenburg. Forst=wirthe zu Lübz. 1888 (Forstw. Ctbl. 1889. S. 260).

pratensis, Wiesenschwingel, 4 kg Poa pratensis, Wiesenrispen=
gras, 10 kg Trifolium hybridum, schwedischer Klee, 8 kg Trifolium repens, weißer Klee, 2 kg Lotus uliginosus, Sumpf=
schoten=Klee. Die letztere Mischung ist zusammengesetzt aus: 20 kg
Lolium italicum, italienisches Raygras, 10 kg Dactylis glomerata, Knäuelgras, 2 kg Trifolium pratense, rother Klee, 2 kg
Trifolium hybridum, schwedischer Klee, 4 kg Trifolium repens,
weißer Klee und 2 kg Medicago lupulina, Hopfenklee.

Die Recepte sind überhaupt sehr verschieden und nach der
betreffenden Oertlichkeit zu bemessen. Anhaltspunkte geben schon
benachbarte Wiesen und die Erwägung folgender Punkte. Die
Wiese muß einen guten Oberstand von hohen Gräsern (Phleum
pratense, Dactylis glomerata, Avena elatior, Alopecurus,
Poa), ferner Füllgräser (Lolium italicum und perenne) und
dichten Unterwuchs (Agrostis stolonifera, Trifolium=Arten) haben.
Sie soll dauernd hohen Ertrag geben, aber auch schon im ersten
oder zweiten Jahr einen guten Ertrag gewähren; deßhalb sind
auch schnellwüchsige Gräser anzubauen. Zur Aussaat ist nur
reines Saatgut zu verwenden, nicht der mit Unkraut gemengte
„Heusamen".

Soll Getreidebau mittels Dammkultur betrieben werden,
so sind die Dämme 25 m breit zu machen. Als Deckmaterial,
welches hier unerläßlich ist, während es bei Wiesenbau entbehrt
werden kann, ist grobkörniger Sand (Lehm und Mergel sind
hierbei ungeeignet) und als Düngung 400 kg Thomasmehl und
600—800 kg Kainit pro ha zu nehmen. Die Deckschicht muß
mindestens 15 cm stark sein. Als erste Frucht baut man gern Hafer,
worauf jede Getreideart folgen kann. In Cunrau wird pro ha
300—400 kg Thomasmehl und 1250—1500 kg Kainit gedüngt;
angebaut werden sowohl Halm= und Hülsen= als auch Hackfrüchte,
namentlich Zuckerrübe.

In Frankreich wird auf den Mooren bei Amiens[1]) auf
300 ha intensiver Gemüsebau betrieben. Die Moore sind mit

---

[1]) Hitier, H.: Die Nutzung der Moore in Frankreich. Ranzig, 1892.

schiffbaren Kanälen versehen. Als Dünger werden außer natür=
lichen Dungmitteln auch Kalkphosphate verwendet. Trotz starker
Düngung versagt aber der Boden nach 12—15 Jahren, worauf
er auf 0,8—1,0 m umgegraben, mit einer frischen 15 cm starken
Torfschicht bedeckt und kräftig gedüngt wird. Der Betrieb beginnt
nunmehr von Neuem. Aehnliche Verhältnisse finden sich auch bei
Beauvais (Oise) und Saint=Omer (Pas de Calais) vor.

Wo man nicht übersanden kann, wird mit Vortheil immer
noch die Kartoffel angebaut, welche selbst im reinsten Moostorf
fortkommt. Sie gibt freilich erst im dritten Jahre Früchte für
den menschlichen Genuß, vorher aber schon für Viehfutter. Man
kann die Kartoffel lange Jahre hintereinander anbauen, ohne daß
ein Fruchtwechsel einzutreten braucht. Da in der Regel auf dem
Moore Keller nicht zur Verfügung stehen, werden die Kartoffeln
zweckmäßig durch Decken mit trockenem Streutorf selbst gegen die
größte Kälte geschützt.

So schöne Erfolge auch die Moordammkultur auf Grün=
landsmooren aufzuweisen hat, so ist sie doch auf Hochmooren
nicht ausführbar. Die Untersuchungen der Bremer Moorversuchs=
station haben ergeben, daß für die Hochmoore des nordwestdeutschen
Tieflands die Rimpau'sche Sanddeckungsmethode durchaus unge=
eignet sei. Die Ursache ist weniger der Bedeckung, als vielmehr
dem Mangel an geeignetem Dünger zuzuschreiben. Doch ist man
heute bereits so weit, die Hochmoore durch Düngung mit aus=
schließlich künstlichem Dünger in Kulturland verwandeln zu können.
Welche Stoffe und in welchen Mengen diese als Dünger anzu=
wenden sind, hängt von der chemischen und physikalischen Be=
schaffenheit der betreffenden Moore ab, so daß hierüber zunächst
immer eine eingehende Untersuchung angestellt werden muß. Jedes
Moor will sozusagen individuell behandelt sein. In der Haupt=
sache wird den Hochmooren, da sie kalkarm sind, Kalk in Gestalt
von Calciumphosphaten zuzuführen sein; Calciumsulfat (Gyps)
hat sich schädlich erwiesen.

Ganz abweichend von diesen Methoden ist das Verfahren
9

von Brünings [1]), welches in den ersten sechs Jahren keine Düngung kennt. Er will die Abtorfung der Moore überhaupt vermeiden, sie vielmehr durch darauf getriebenem Ackerbau (ev. Waldkultur) konserviren, da sie einst die Stelle der Steinkohlen vertreten sollen. Die Entwässerung muß planmäßig und vorsichtig — wie überhaupt jede Entwässerung — betrieben werden. Die Grabendimensionen sind anfangs gering und werden allmählig größer. Zuerst erfolgt die Grabenlegung und Eintheilung in 15 ha große Flächen; dann wird die Oberfläche des Moores und nur diese gehackt und wenn abgetrocknet, rasch abgebrannt. Es wird also nicht das Moor selbst, sondern nur auf dem Moor gebrannt. Zur Aussaat kommt im ersten Jahre Buchweizen; nach der Ernte in demselben Jahre bleibt der Boden bis zum nächsten Frühjahr liegen. Dann folgt wieder das Hacken und Brennen wie im ersten Jahre, die Aussaat und die Ernte. Nach der Ernte im fünften Jahre werden aber die Stoppeln umgebrochen; dann wird gehackt, geegt und gebrannt und im September Winterroggen angebaut. Ist das Wetter schlecht, so findet das Brennen erst im nächsten Frühjahr statt und wird nun nicht Roggen, sondern schwarzer oder bunter Moorhafer zum Anbau verwendet. Nunmehr ist die Brandkultur beendet, die Fläche „abgebuchweizt" und kann, entweder Ackerbau mit regelmäßiger Düngung, oder Wiesenbau mit tüchtiger Kalkung oder Mergelung stattfinden.

Der sonst noch allgemeine übliche Brandfruchtbau ist als Raubbau zu verwerfen.

C. Die landwirthschaftliche Produktion auf Moorödland.

Wir haben vorstehend erwähnt, daß Moorboden zu den fruchtbarsten Böden gehören kann und wollen nun zum Belege hierfür einige Material- und Gelderträge anführen.

Der um die Moorkultur sehr verdiente Dr. M. Fleischer [2])

---

[1]) Das Augustendorfer Moor in der Oberförsterei Kuhstedt, Herzogthum Bremen, Provinz Hannover (A. d. W. IX. Heft, 1879, S. 106).

[2]) Baumann, Dr. A.: Die Moore und die Moorkultur in Bayern (Forst. nat. Ztschr. 1894, S. 95).

gibt pro ha folgende Erträge in Ctr. an: Kartoffeln bei Fehn=
kultur 424, bei Dammkultur 409, bei Düngung mit künstlichem
Dünger auf Hochmoor 400; Roggen 40, bzw. 50,6, bzw. 40.

Nach Brünings[1]) beträgt die Ernte in den fünf ersten
Jahren seiner Brandkultur pro ha zusammen 92 Ctr. Buchweizen
(pro Jahr im Durchschnitt 15 Ctr.) und im sechsten Jahre an
Roggen 14,5 Ctr.

Die Rimpau'schen Dammkulturen ergaben, wo Ueber=
sandung mit fruchtbarem Sand stattfand, bis zum 16fachen Betrag
der Aussaat an Winterroggen.

Nach Grahl's[2]) Erfahrungen in den norddeutschen Mooren
betragen die ersten Kosten bei Dammkulturen pro ha im Maximum
1075 ℳ, im Minimum 120 ℳ, im Durchschnitt 577 ℳ und
die Reinerträge im Maximum 518 ℳ, im Minimum 15, im
Durchschnitt 188 ℳ. Es findet demnach eine Verzinsung des
Anlagekapitals von 8,89—71,4%, im Mittel von 32,7% statt.

Dammkulturen in Niederschlesien haben sich nach Klopfer[3])
trotz des hohen Anlagekapitals (900—1000 ℳ pro ha) gut ver=
zinst und die Kosten nach 10 Jahren amortisirt.

Die abgetorften Moore der Stadt Colberg[4]) brachten nach
ihrer Meliorirung (Uebersanden mit lehmigem Sand, Kosten pro
ha 40 ℳ) als Wiesen pro ha 112 ℳ Pachtzins, d. h. sie ver=
zinsten das Anlagekapital mit 20,7% (abzüglich der Düngungs=
kosten und des früheren Ertrags von 8—12 ℳ pro ha).

---

[1]) Das Augustendorfer Moor in der Oberförsterei Kuhstedt, Herzog=
thum Bremen, Provinz Hannover (A. b. W. IX. Heft 1879, S. 106).

[2]) Mittheilungen des Vereins zur Förderung der Moorkultur im
Deutschen Reich 1890, Nr. 20.

[3]) Bericht über die 52. General=Versammlung des Schlesischen Forst=
vereins zu Schweidnitz 1894 (Ztschr. f. Forst= u. Jgdw. XXVI. Jhg. 1894,
S. 603).

[4]) Referat des Stadtraths Proschwitz aus Colberg über „Meliorirung
der Moore rc." Thema III auf der 24. Versammlung des Pommerschen
Forstvereins zu Stubbenkammer (Ztschr. f. Forst= u. Jgdw. XXVIII. Jhg.
1896, S. 613).

Nach Landforstmeister Wächter[1]) haben sich in Ostpreußen die Kosten für Moorwiesenanlagen ohne Mineraldeckung mit 50 bis 60 % verzinst.

In der preußischen Oberförsterei Chorin[2]) verzinste sich eine Moorwiesenanlage zu ca. 28 %.

Die Moorwiesen im bayrischen Reichswald[3]), welche nicht übersandet sind, bringen wo sie tiefer gelegen bis 210 Ctr. pro ha, in höherer Lage 80 bis 120 Ctr. Ertrag. Die dortigen Kunstwiesenanlagen rentiren sich bei einem Reinertrag von 170 ℳ pro ha zu 27 %.

Welchen Werth Moorboden erhält, wenn er entsprechend kultivirt wird, kann man daraus ersehen, daß z. B. in Holland pro ha bis 3700 ℳ, in Frankreich pro ha der vorhin erwähnten Gemüsegärten auf Moor bis zu 10 000 Fr. bezahlt werden. Rohes Moor dagegen kostete z. B. im Großfulener Moor (an das Bourtanger Moor grenzend) pro ha 65 ℳ[4]), in Holland, wo überhaupt schon hohe Preise für Moorboden gezahlt werden, 1700 ℳ.

D. Die Berechtigung des landwirthschaftlichen Betriebs auf Oedland.

Auf keinem anderen Oedland als auf Moor ist, unserer Meinung nach, der Betrieb von Landwirthschaft berechtigt. Hier sprechen nur zwei Momente mit, nämlich das finanzielle und das volkswirthschaftliche. Aus dem Vorhergehenden ergibt sich die Berechtigung des Landbaus auf Moorödland in finanzieller

---

[1]) Mittheilung auf der 24. Versammlung des Pommerschen Forstvereins zu Stubbenkammer 1896 (Ztschr. f. Forst- und Jgdw. XXIII. Jhg. 1896, S. 617).

[2]) Dr Kienitz: Bericht über Wiesenanlagen auf einem ertraglosen Moor der Oberförsterei Chorin (Ztschr. f. Forst- u. Jgdw. XXII. Jhg. 1893, S. 520).

[3]) Koehl: Studien über Moorkultur (Forstw. Cbl. 1894, S. 452).

[4]) Preis der hannover'schen Provinzialverwaltung beim Ankauf von 442 ha zu Colonisationszwecken.

Beziehung ohne weiteres. Volkswirthschaftlich berechtigt ist die Landwirthschaft auf Moor, indem ausgedehnte ertraglose Flächen nutzbar gemacht werden. Dadurch erfolgt eine Vergrößerung der Produktion wichtiger Consumtionsgüter (Lebensmittel, Futter für Vieh, mithin Fleischerzeugung durch Viehzucht), die arme Bevölke= rung wird lebensfähiger gemacht und auch die Forstwirthschaft genießt den Vortheil der Entlastung von mitunter drückenden Streu= und Grasabgaben, weil das landwirthschaftlich genutzte Moor durch Gras= und Strohproduktion gutes Futter und Streumaterial liefert. Zur Einschränkung der Auswanderung wäre das Moor durch Colonisation und landwirthschaftliche Nutzung besonders ge= eignet, da häufig der Mangel an geeignetem und ergiebigen Acker= und Wiesenland, oder die Unmöglichkeit solches zu pachten die Bewohner zum Verlassen der heimathlichen Scholle antreibt.

III. Andere Kulturen des Oedlands.

A. Futterlaubwirthschaft.

Eine Vereinigung der Holzzucht mit der Erzeugung von Viehfutter in Gestalt von Laub und Reisig auf gleicher Fläche bildet die Futterlaubwirthschaft. Ihr Hauptzweck ist Ge= winnung von Futter in Form von frischen oder getrockneten Blättern, ja sogar als Futterreisig; die Holzgewinnung bleibt Nebenzweck. Durch diese Wirthschaft können arme und für Futtererzeugung sonst unbrauchbare Landstriche vortheilhaft aus= genutzt werden, indem man als Futterpflanze eine Holzart wählt, die noch dort ihr Fortkommen findet, wo andere Gewächse versagen. Aber auch Wiesen= und Bachränder, Flußufer, sumpfige Land= striche ec. können durch Laubfutterbau werthvoll gemacht werden. Der geordnete Wald bleibt in der Regel von dieser Wirthschaft ausgeschlossen; dennoch wird aber einer der Zwecke des zukünftigen Karstwaldes der sein, dem Karstbewohner Futterlaub für sein Vieh zu liefern. Aus diesem Grunde muß bei Zeiten an die Umwand= lung der dortigen Schwarzkiefernbestände gedacht werden. Auch sind die mit Laubholzresten bestockten Hegeflächen besonders zu schonen.

Die Verwendung des Baumlaubs im frischen und ge=
trockneten Zustand zu Fütterungszwecken ist wohl so alt wie die
Viehzucht selbst. Vor mehr als 2000 Jahren sammelten schon
die Römer für den Winter große Mengen von Baumblättern
(Ulme, Esche, Pappel, Eiche) als Viehfutter. Mit Ausnahme des
Schweins nehmen alle unsere Hausthiere, vor allem die Ziegen
und Schafe, die Baumblätter gerne an. Die eigentliche Heimath
der Futterlaubwirthschaft sind die Mittelmeerländer; aber auch
Schweden, die Rheingegend und die Alpen kennen das Laubheu
als Fütterungsmaterial. In den deutschen Alpen und besonders
im Krainer Oberland hat sich eine eigenartige Schneidelwirthschaft
(„Luftwiesenwirthschaft") herausgebildet (Hlubek).

Die zur Futtergewinnung tauglichen Holzarten sind Esche,
Ulme, Pappel, Eiche, Ahorn, Linde, Weide, Erle, Roth= [1]) und
Hainbuche und für trockene Standorte besonders die Akazie. Der
Nährwerth der Blätter liegt in der Blattspreite; hier finden sich
die Stickstoffverbindungen, Fette und Kohlenhydrate abgelagert.
Blätter junger Bäume sind verdaulicher als solche von alten
Bäumen. Junge Blätter aber sind dem Vieh nicht zuträglich.
Außerdem ist deren Sammeln (Mai, Juni) für den Baum höchst
nachtheilig; bei fortgesetzter Nutzung könnte sogar dessen Lebens=
kraft ganz erschöpft werden. Die beste Sammelzeit ist der Sep=
tember. Bei Beurtheilung der Güte des Futterlaubs ist der Ge=
halt an Nährstoffen weniger wichtig als der Verdaulichkeitsgrad
(Verdaulichkeitscoeffizient). A. Ch. Girard [2]) stellt folgende
Verdaulichkeitscoeffizienten auf:

---

[1]) Im Kaukasus werden die Rinder das halbe Jahr mit Buchen=
blättern gefüttert. — Borggrebe: Die Ansprüche der Landwirthe auf die
Erzeugnisse fremder Waldflächen („Aus dem Walde" 1893, Nr. 47).

[2]) Annales agronomiques 1892, pag. 513.

	Mineral=stoffe	Fette	Stickstoff=substanzen	Stickstoff=freie Extractiv=stoffe	Cellulose
Robinie	75,5	68,2	91,8	91,4	81,5
Roßkastanie	42,3	26,8	77,2	78,8	49,9
Ulme	38,1	22,9	73,0	81,6	57,3
Im Mittel	51,9	39,3	80,7	83,9	62,9
dagegen					
grüne Luzerne	34,1	9,5	86,2	28,3	59,6

Die drei letzten (eingeklammerten) Columnen haben praktischen Werth, da sie zeigen, daß Blätterheu gleichwerthig mit Legumi=nosenheu ist. Auffallend ist der hohe Nährwerth der Akazien=blätter, die überall in erster Linie stehen. Aus diesem Grunde und unter Berücksichtigung des Umstands, daß die Akazie eine reichliche Blattproduktion entwickelt, daß ihre Blätter vom Viehe gerne genommen werden und zudem Stickstoffsammler sind, ist ihre Anzucht besonders in dornenlosen Varietäten für diese Zwecke sehr zu empfehlen.

Das Futterlaub wird durch Abstreifen oder durch Schneideln gewonnen. Ersteres ist vorzuziehen, weil man hierbei nur das Laub gewinnt. Nach dem Ramann'schen[1] Verfahren kann sogar Laubholzreisig bis zu 2 cm Stärke durch entsprechende Behandlung (Quetschen, Malzen ꝛc.) zu Viehfutter geeignet her=gestellt werden.

Als Betriebsart für diese Wirthschaft, die meist in Ver=bindung mit Landwirthschaft vorkommen wird, ist Kopf= und Schneidelholzwirthschaft anzunehmen, oder wenn es sich um größere Flächen handeln sollte (wie am Karst) Niederwaldbetrieb. Hier wäre als zweckmäßigste Betriebsart die Gayer'sche niederwald=artige Mittelwaldform zu empfehlen.

---

[1] Ramann, Dr. E. und v. Jena=Cöthen: Holzfütterung und Reisigfütterung. Berlin, 1890.

B. Die Rohrkultur in Sümpfen und sonstigem Wasser-
öbland.

Geeignete Orte für die Rohrkultur sind: Sümpfe und
solche stehende Gewässer, die sich nicht entwässern lassen, ausge-
torfte Moore, flache Ufer der Landseen und Ströme, kurz alle
Flächen, die mehr oder weniger dauernd unter Wasser stehen und
sich weder zu forst= noch landwirthaftlicher Kultur eignen.

Das Rohr (Arundo phragmites L. = Phragmites communis Trin.) in Vereinigung mit Binsen und anderen Schilfgewächsen scheint von Natur aus zur Bildung festen Bodens aus
dem Wasser bestimmt zu sein. Die Rohrkulturen bieten erhebliche
Vortheile. Sie geben von sonst ertraglosen Flächen in Folge der
vielseitigen Verwendbarkeit des Rohrs hohe Erträge; sie befördern
die Bildung von Wiesen und verhindern die Uferabbrüche[1]. Sie
gewähren ferner den Fischen Schutz, Nahrung und Laichplätze und
verbessern so die Fischerei. Endlich erweisen sie sich auch noch
vortheilhaft für die Jagd (auf Enten). In grünem Zustand besonders als junge Pflanze dient das Rohr als Futtermittel, welches
wegen seines Zuckergehalts vom Vieh begierig aufgenommen wird,
weshalb junge Rohranlagen gegen Weidevieh zu schützen sind.
Rohrhäcksel ist für herabgekommene Pferde besonders dienlich.
Getrocknet wird das Rohr als Dachdeckungsmaterial verwendet
(Pommern, Ungarn), wodurch Stroh zu Dungzwecken frei wird,
zu Streu und Dünger (Verminderung der Waldstreuabgabe), als
Stuccaturmaterial beim Verputzen der Mauern, zu Zwischenlagen
bei Stein= und Pappdächern als Isolirungsmaterial, zu Flecht-
arbeiten, ja sogar als Brennmaterial (Sümpfe der unteren Donau-
gegenden). Ob das Rohr nicht auch zur Fabrikation von Papier
zu verwenden ist, wäre wohl eines Versuches werth.

Der Anbau des Rohrs kann durch Saat oder Pflanzung

---

[1] Wiese: Anpflanzung von Rohr (Arundo phragmites) — (Allg.
Forst= u. Jgdztg. 1866, S. 398). — Auf dem Gut Neuendorf an der
Ausmündung der Ucker in das Haff sind durch Rohrkulturen Wiesen ent-
standen, wo früher Abbröckelung der Ufer stattfand.

erfolgen. Die Aussaat wird empfohlen, wenn das Wasser nicht tiefer als 60 cm ist; sie besteht im Auswerfen des in Lehmballen gekneteten Rohrsamens. Die Reife des Samens erfolgt im November und ist diese für das Gelingen des Anbaus äußerst wichtig. Die Lehmkugeln mit dem Samen werden über Winter an trockenen Orten aufbewahrt und gelangen im Frühjahr zur Verwendung. Diese Methode ist in ihren Erfolgen wohl stets zweifelhaft und daher die Pflanzung vorzuziehen. Rohrsaat, u. zw. mit angekeimten Samen, findet aber auf dem Lande statt, wenn Pflanzen zum Versetzen gezogen werden sollen. Das Rohr kann als Ballenpflanze mit Wurzelstock und einem Erdballen versehen gepflanzt werden, wobei der Halm entweder ganz bleibt oder gestummelt wird. Diese Methode ist die sicherste, aber auch die theuerste. Die Büschelpflanzung besteht im Pflanzen von Rohr= bündeln mit Halmen und erdfreien Wurzeln. Die Pflanzung mit Stecklingen d. h. gekürzten Rohrhalmen mit Saugwurzeln, (Segelke's Isolirungsmethode [1]), welche ein Stecheisen, bzw. einen mit einer Nuth versehenen Stock, in welche der Steckling hinein= gepaßt erfordert, ist die gebräuchlichste, billigste und empfehlens= wertheste Methode. Das Auslegen von Halmbündeln nach Römer [2]), wobei Würste von Rohrhalmen im Kreuzverband 1,2 m von einander entfernt auf das Wasser gelegt und mit Pfählen oder Plaggen befestigt werden, sowie die Segelke'sche Modifikation dieses Verfahrens, nach welcher die Rohrhalme zu Flechtwerk vereinigt werden, sind nur in ganz ruhigem Wasser anwendbar und ziemlich theuer. Die Pflanzzeit ist gegeben, wenn das Wasser genügend temperirt ist, um längeres Verweilen in demselben zu gestatten. Die beste Erntezeit ist September und Oktober; dennoch wird die Ernte meist aus Bequemlichkeitsgründen erst dann vor= genommen, wenn die Eisdecke tragbar geworden ist.

---

[1]) Segelke: Ueber die Werderkultur zu Wilhelmsburg an der Elbe (Krit. Bl. 47. B. 1865, S. 150).

[2]) Zapp, J.: Ueber Anbau und Benutzung von Rohr, Binsen und Schilfgewächsen (Ztschr. f. Forst= u. Jgdw., 5. Band, 1873, S. 13).

Die Anlagekosten betragen für 1 ha Rohrkamp nach der Methode von Römer ca. 636 cℳ, wovon etwa $2/3$ auf die Arbeit entfallen, nach der Segelke'schen Bindemethode 192 cℳ (davon 105 cℳ Material und 87 cℳ Arbeit), nach der Isolirungs= methode von Segelke bloß 117 cℳ (billigste Methode).

Die jährlichen Reinerträge von Rohrkulturen in Hannover (an der Elbe) betrugen pro ha 290—397 cℳ (Wilhelmsburg); eine kleine Parzelle ergab sogar 690 cℳ. Aus den ungarischen Sümpfen sind uns folgende Daten bekannt geworden[1]). 1 Joch (= 0,57 ha) mit Rohr bewachsenen Sumpfes zählt etwa 403 200 Stück Rohrhalme und gibt ca. 1155 Wellen, die pro 100 Stück 4—5 fl. ö. W. kosten, mithin einen Bruttoerlös von 46,20—57,75 fl. ö. W. ergeben. Die Werbungskosten betragen im Durchschnitt pro 100 Wellen 1,35 fl. ö. W., so daß sich ein Reinertrag von 30,60—42,15 fl. ö. W. pro Joch oder im Durch= schnitt pro ha von ca. 64 fl. ö. W. (= 107 cℳ) herausstellt.

8. Schlußwort.

a. Was soll mit dem Oedland geschehen?

Das Oedland soll in doppelter Beziehung nutzbar gemacht werden, direkt dadurch, daß es Erträge abwirft, indirekt durch das Verschwinden seines schädigenden Einflusses. Dauernde Er= träge kann Oedland nur dann gewähren, wenn es Kulturland geworden ist, ebenso wie es auch nur als solches seine schädigenden Einflüsse verliert. Oedland muß demnach Kulturland, d. h., je nach seinen besonderen Eigenschaften, Wald oder Acker oder Wiesenland werden. Aus dem Vorhergehenden haben wir schon gesehen, welches Oedland sich für landwirthschaftliche Kultur eignet, es sind dies lediglich die Moore der Ebene. Alles übrige Oedland ist der forstlichen Kultur zu überweisen. Die Antwort auf die Frage, was mit dem Oedland zu geschehen habe, lautet kurz: Umwandlung in Kulturland.

---

[1]) Sumarski list 1881, S. 170.

b. **Wie** soll nun diese Umwandlung des Oedlands vor sich gehen?

Unter „Kultur des Oedlands" haben wir bereits die tech= nische Seite der Umwandlung besprochen. Der forstliche Anbau des Oedlands hat in allen Oertlichkeiten, in denen es sich in erster Linie um die Schutzzwecke des Waldes handelt — also bei Hochgebirgsödland, Flugsand ꝛc. — so rasch als möglich zu ge= schehen. Die Aufforstung des Haideödlands **kann, muß** aber **nicht** langsamer vor sich gehen. Sind die nöthigen Mittel und Kräfte vorhanden, so ist ein rascher Gang auch der Haideauf= forstungen nur von Vortheil. In der landwirthschaftlichen Kultur der Moore erblicken wir das beste Mittel, die Auswanderung zu verringern, da gerade dieser Boden entsprechend bearbeitet schon auf kleineren Flächen eine große Anzahl von Menschen ernähren kann. Das in Folge von Ertraglosigkeit aufgegebene und zu Oed= land gewordene Ackerland fällt naturgemäß der forstlichen Kultur anheim. Die Colonisation der Moore und die Bewaldung von Oedland zu Schutzzwecken ist mit allem Eifer und allen Mitteln fortzusetzen. Wo angängig würden wir für diese Kulturarbeiten, besonders Kanalisirungen, Wildbachverbauungen ꝛc. selbst Auf= forstungen — wie dies auch schon geschehen ist — die Gefangenen der Strafhäuser verwenden. Deportirte waren oft die Pioniere der Kultur (Australien). Könnte dieses System in den europäischen Ländern, welche es noch kennen (Rußland, Frankreich ꝛc.) nicht auch bei der Kultur des heimischen Oedlands angewendet werden? Der wohlthätige moralische Einfluß der (wenn auch gezwungenen) Beschäftigung in freier Natur auf die Verurtheilten würde die Besserung dieser nur fördern. Auch in jenen Ländern, welche keine Deportation kennen, könnte die völlige Urbarmachung besonders schwierigen Oedlands den zu längeren Freiheitsstrafen Verurtheilten übertragen werden. Wie in Rußland die Mennoniten statt Militär= dienste zu thun, zur Steppenaufforstung verwendet werden, so könnten auch in den anderen europäischen Staaten Angehörige ähnlicher Sekten, Leute, welche keinen Militärdienst leisten, aber arbeitsfähig sind, für kürzere oder längere Zeit in den Dienst der

Oedlandskultur gestellt werden. Früher verwendete man das Militär zu verschiedenen Kulturarbeiten z. B. Straßenbau. Dies kommt heute nur noch selten vor. Im österreichischen Occupations=gebiete (Bosnien und Herzegowina) wurden die meisten Straßen= und Bahnlinien vom österreichischen Militär erbaut. Die zu langen Freiheitsstrafen verurtheilten Soldaten könnten aber auch zu staatlichen Oedlandskulturen herangezogen werden.

c. Wer hat sich mit Oedlandskultur zu befassen?

Unserer Ansicht nach soll dem die Oedlandskultur zufallen, der ein Interesse daran hat. Dies ist entweder der Private, oder der Staat bzw. andere Gemeinwesen. Private Kulturbe=strebungen richten sich meist nur auf Objecte, deren Früchte der Eigenthümer alsbald genießen kann; es wird sich hier vorwiegend um landwirthschaftliche Kultur handeln. Forstliche Kulturbe=strebungen seitens der Privaten in größerem Umfange werden gewöhnlich durch den Mangel an Mitteln und den Egoismus gehemmt. Für derartige Bestrebungen sind ewige Personen, wie die Gemeinde, der Staat nothwendig. Sobald es sich um Kulturen (sei es landwirthschaftliche, sei es forstwirthschaftliche) handelt, welche dem Sonderinteresse zu dienen haben, so liegt für den Staat kein Grund vor, sich hineinzumengen; er kann sie aber fördern. Liegen aber den Kulturbestrebungen allgemeine (Landes=kultur=) Interessen, besonders Abwendung von Gefahren weit=tragenden Umfangs zu Grunde, so muß sich der Staat damit befassen. Hierdurch ist auch schon angedeutet, wem die Kosten von Oedlandskulturen zufallen. Wer sich einen Nutzen bei der Um=wandlung des Oedlands verspricht, hat in der Regel auch die Kosten zu tragen. Anders liegt aber der Fall bei der Auf=forstung von Gebirgsödland. Soll hier der Staat die Kosten tragen oder die geschützte Minderheit? Die Entscheidung ist ungemein schwierig. Vorggreve behauptet, daß dem Ge=birgsbewohner, welcher zu Gunsten der Thalbewohner seine Wirthschaft ändern muß, eine Schadloshaltung seitens des=jenigen, der davon den Nutzen haben soll, gebührt, daß mithin nicht der Staat, um einem Theil seiner Bürger zu nützen, die

Gesammtheit heranziehen soll. Diese Anschauung ist unserer Meinung nach zwar im Prinzip richtig, in der Ausführung aber wird sie für Private unübersteigliche Hindernisse bieten. Zum mindesten wird in diesem Falle der betreffende Kreis, wenn nicht gar die ganze Provinz zur Leistung herangezogen werden müssen. Es handelt sich eben um den Fall der Unmöglichkeit der Selbsthilfe. Wir möchten im Allgemeinen behaupten, daß überall dort, wo die Kultur von Oedland für Private, Gemeinden, Bezirke, Kreise und Länder bzw. Provinzen von direktem Vortheil ist, eben diese die Kosten zu tragen haben. Spielen aber höhere Interessen, die allgemeine Wohlfahrt, das Landeskulturinteresse mit, so müssen in größerem oder geringerem Umfange Staatsmittel (Gesetzgebung, Crediterleichterung, Darlehen ec.) zur Anwendung kommen. Dies wird insbesondere überall dort nöthig werden, wo wegen Unzulänglichkeit der verfügbaren Mittel, Widerstrebens der Besitzer von Oedland, drohender Gefahren ec. der Staat allein Abhilfe schaffen kann. Dem Staate aber sonst im Allgemeinen, um dem Interesse einzelner zu dienen, Lasten aufzuerlegen, an denen die Gesammtheit der übrigen Staatsbürger zu ihrem Nach= theil betheiligt ist, kann nicht Sache einer weisen Regierung sein. Das Für und Wider ist bei der Vornahme von Oedlandskulturen genau zu erwägen. Ebensowenig wie wir die Bestrebungen Ein= zelner gut heißen, die in der sofortigen Aufforstung allen Oed= lands das Heil suchen, ebensowenig möchten wir den Anschauungen jener beistimmen, die eine rationelle Kultur von Oedland, sei sie forstwirthschaftlich, oder landwirthschaftlich, deshalb verwerfen, weil sie nicht immer sogleich rentabel ist und lieber eine Benutzung desselben beibehalten wissen wollen, die eine äußerst geringe und dabei nicht einmal nachhaltige Rente abwirft. Sit modus in rebus!

Die Umwandlung von Oedland in Kulturland ist von drin= gender Nothwendigkeit. Wenn auch diese Umwandlung nicht überstürzt vor sich gehen darf, indem Jahrzehnte nicht gutmachen können, was in Jahrhunderten gefehlt wurde, so soll andererseits auch nicht ein gar zu langsames Vorwärtsgehen für angemessen gehalten oder gar nichts gethan werden. Im Hinblick auf die

Erfolge, welche mit der Oedlandskultur erreicht werden sollen, und zum Theil auch schon erreicht worden sind, schließen wir mit dem Wunsche, daß die Zeit nicht zu ferne liegen möge, wo ein Thema wie das vorliegende in den europäischen Kulturstaaten nur noch historischer Bearbeitung bedarf, wo an Stelle des heutigen Oedlands grünende Wälder, blühende Wiesen und fruchtbare Felder getreten sind, die — von einem arbeitsamen, fleißigen Volke geschaffen — diesem und ihren Nachkommen diese Kulturarbeit mit reichen Zinsen lohnen!

www.ingramcontent.com/pod-product-compliance
Lightning Source LLC
Chambersburg PA
CBHW030557270326
41927CB00007B/956